ANTIGONE

TRAGEDIE

DE Mr.

DE ROTROU

A PARIS·

Chez ANTHOINE DE SOMMAVILLE,

Palais dans la Gallerie des Merciers à l'Escu de France

A

MONSIEVR
MONSIEVR
LE COMTE DE
GVEBRIANT.
MARESCHAL DES CAMPS
ET ARMEES DV ROY.

MONSIEVR,

Quand ie ferois enfeuely dans le plus profond fom-
meil du monde, & que i'aurois fait arroufer ma chambre du ius de tous les Pauots d'vn Eté, il feroit encor
impoffible que ie ne m'éueillaffe au bruit que la Re-

nommée fait de voſtre Nom, & que ie n'appriſſe de
quel bras vous ſeruez le Roy, & de quelle ſorte vous
traictés ſes ennemys ; Ce n'eſt pas vne gloire particu-
liere à noſtre ſiecle, que d'auoir porté de grands hommes, il s'eſt veu de tout temps des perſonnes qui ſe
ſont renduës celebres par leur courage, & par leur vertu ; mais il faut auoüer, Monſieur, qu'il ne s'en
eſt point treuué à qui vne ſi haute valeur, & vne ſi iuſte
reputation que la voſtre, ayent ſi peu couſté qu'à vous
& qu'il falloit autrefois plus de temps à la bonne
naiſſance, & à l'exercice des armes, pour faire des Ce-
ſars & des Alexandres. Mais voſtre Hiſtoire eſt trop
cogneuë, & trop de la ſaiſon, pour me meſler de l'é-
crire, & ie ſerois plus long-temps à parler de
vos progrez que vous n'auez eſté a les faire :
C'eſt vne matiere trop delicate pour mon eſprit,
& vne tâche dont ie prendray ma diſpenſe de
ma foibleſſe : Souffrés ſeulement, Monſieur, que
ie ſois vn des premiers de ma profeſſion qui rende
ſes deuoirs à voſtre merite, & que ce témoignage m'en
ſoit vn, de l'intereſt que ie prends dans le ſuccés des
armes du Roy. Comme ie ſuis vn de ſes plus paſ-
ſionnez ſujets ; ſa gloire & ſon contentement, ſont
auſſi la plus forte de mes paſſions, tandis que vous aydés
à luy acquerir l'vne, ie m'eſtudie à luy cauſer l'autre, durant que vous le ſeruès, ie le diuertis, & ie faits
voir à ſa Majeſté le ſiege de Thebes, cependant que vous
trauaillés à celuy de Brizac; C'eſt à dire que ie luy mon-

ſtre en figure ce que vous faites en verité, Auſſi (Monſieur) quand i'ay voulu chercher de la recommen-
dation, & de la protection à ce Poëme, j'ay d'abord
jetté les yeux ſur vous, & j'ay creu qu'ayant tant répan-
du de ſang en Allemagne, vous prendriés plaiſir à voir
celuy que j'ay fait verſer ſur le Theatre de Sainct Ger-
main. C'eſt vne guerre qui n'eſt point funeſte, & qui
vous delaſſera de l'autre, i'eſpere que vous me ferés
l'honneur d'agreer ce mauuais preſent, & qu'il m'ob-
tiendra de vous la permiſſion de me dire,

MONSIEVR,

Voſtre trés-humble &
trés-obeïſſant ſeruiteur,

ROTROV.

ACTEVRS.

IOCASTE,   mere d'Antigone.

ÆTEOCLE,   Roy de Thebes, & frere d'Antigone.

POLYNICE,   frere d'Antigone.

ANTIGONE,

ISMENE,   Sœur d'Antigone.

ADRASTE,   Beaupere de Polynice.

ARGIE,   Femme de Polynice.

MENETTE,   Gentil-homme d'Argie.

CREON,   Pere d'Hemon, & Roy de Thebes.

HEMON,   Seruiteur d'Antigone.

CHEFS DES GRECS,

EPHYTE,   Seigneur de Thebes.

CLEODAMAS,   Seigneur de Thebes.

VN PAGE,

SVITTE DE CREON.

La Scene est à Thebes.

ANTIGONE
TRAGEDIE.

ACTE I.
SCENE PREMIERE

IOCASTE, ISMENE,

IOCASTE, dans vne chambre
acheuant de s'habiller

Q'ILS ont bien à propos vsé de mon
sommeil!
Ils n'ont pas appellé ma voix à leur conseil;
Et lors qu'ils ont voulu tenter cette sortie,

A

ANTIGONE,

On a bien ſçeu garder que i'en fuſſe aduertie :
C'eſt bien, ô nuit, c'eſt bien de tes plus noirs pauots,
Que tu m'as diſtilé ce funeſte repos :
Mais quel Chef les conduit?

ISMENE.

Æteocle, luy-meſme.

IOCASTE.

Allons toſt, c'eſt trop d'ordre, en ce deſordre extréme :
Ce poil mal ordonné, cette confuſion,
Me ſera bien ſeante en cette occaſion;
Nature, confonds-les, c'eſt icy ton office,
Tout deſpend de toy ſeule, & rien de l'artifice :
Vient te montrer, mon ſein, qui les as allaitez,
Auancez-vous, mes bras, qui les auez portez :
Toy, flanc inceſtueux, dont ils ont pris naiſſance,
Vien, s'ils ont du reſpect, faire voir ta puiſſance.

SCENE II.

ANTIGONE, IOCASTE,
ISMENE.

ANTIGONE.

MADAME, il n'est plus temps:

IOCASTE.

Comment, ces enragez,
Gisent-ils desja morts, l'vn par l'autre égorgez?
Ou la troupe Thebaine a-t'elle esté défaite?

ANTIGONE.

Non, mais le combat cesse, & le Roy fait retraite:
C'est ce que de la tour, i'ay clairement pû voir,
Et son retour dans peu vous le fera sçauoir.

IOCASTE.

Ce cœur dénaturé, teint du sang de son frere,
Se vient-il rafraichir dans les bras de sa mere?

A ij

ANTIGONE,

S'y vient-il réjoüir de cét acte inhumain?
Et ne pretend-il point des lauriers de ma main?
Oüy, le coup en merite, il part d'vn grand courage,
Il s'est souftrait d'adreſſe, & pour vn bel ouurage.

ISMENE.

Peut-eſtre que le Ciel qui preſide aux combats
En diſpoſera mieux que vous n'eſperez pas.

ANTIGONE.

Vn inſtant a ſouuent changé l'ordre des choſes,
Beaucoup d'euenemens ont démanti leurs cauſes:
Mais attendant l'entree, & l'entretien du Roy,
Oyez vn accident qui me tranſit d'effroy;
Ie voyois de la tour le choc des deux armees,
L'vne & l'autre au combat aſprement animees,
Alors que Menecæarriuant en ce lieu,
Adieu, m'a t'il crié, chere Antigone, adieu:
Le Ciel ſe laſſe en fin de vous eſtre contraire,
I'oüis d'vn long repos dans les bras de mon frere.
Moy qui me voyois ſeule, & qui ne ſçauois pas
Le genereux deſſein qui portoit là ſes pas:
Pour la fuite deſia, i auois tourné la venë,
Quand luy la face ouuerte, & nullement eſmeuë,
Hardy, s'eſtant planté ſur le bord de la tour,
Et voyant, ſans frayeur les bas lieux d'alentour,
A regardé le camp, & d'vne voix profonde

A fait tourner vers luy les yeux de tout le monde;
Arreſtez, a-t'il dit, d'vn ton imperieux,
Arreſtez, ie l'ordonne & de la part des Dieux :
Arreſtez, cette voix eſt à peine entenduë,
Que la main aux ſoldats demeure ſuſpenduë :
Chacun reſte interdit, l'œil & le bras leué,
Le coup demeure en l'air, & n'eſt point acheué :
Là, ce ieune Heros pouſſe vne voix moins forte,
Et d'vn accent égal, leur parle en cette ſorte,
Thebes, gouſte la paix que ie vais t'achepter,
Mon ſang en eſt le prix, ie viens te l'apporter;
Repouſſe loin de toy, cét orage de guerre
Qu'excite vn inſolent ſur ſa natale terre,
Poſſede en paix tes champs, tes temples, tes maiſons,
Sans autre changement, que celuy des ſaiſons,
Qu'Hymen mettant tes fils, dans les bras de tes filles,
De liens eternels vniſſent tes familles,
Regne enfin, careſſee & du Ciel, & du ſort,
La promeſſe des Dieux, doit ce prix à ma mort :
Il tire apres ces mots vne brillante eſpee,
Et ſe l'eſtant au ſein iuſqu'aux gardes trempee,
Se lance de la tour, le fer encor en main,
Noble victime aux Dieux, pour le peuple Thebain :
A cét objet d'horreur, l'œil troublé, le teint bleſme,
I'ay demeuré long-temps plus morte que luy meſme
Et de frayeur encor tout mon ſang eſt glacé,
Mais vous allez ſçauoir comme tout s'eſt paſſé.

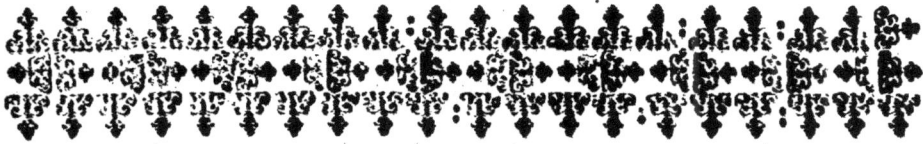

SCENE III.

ÆTEOCLE CREON HEMON 2. Capit.
IOCASTE, ISMENE,
ANTIGONE.

ÆTEOCLE.

Madame, tout va mal, & dans cette retraite
La victoire est commune, ou plutost la défaite:
Le sort est bien égal, il se declare tard,
Et beaucoup sont à dire, & d'vne, & d'autre-part.

IOCASTE.

Maudite ambition, abhominable peste!
Monstre, alteré de sang, que ton fruit est funeste:

ÆTEOCLE.

Sur le desir des miens, mon trosne se soustient,
Ie luy cedois l'Estat, mais l'Estat me retient:
I'estois prest à quitter le Sceptre qu'on luy nie,
Le peuple aime mon regne, & craint sa tyranie:

Ie le possede aussi, moins que ie ne sers,
Les honneurs qu'il me rend, sont d'honnorables fers.
Au reste vn fondement, reste à nostre esperance,
Si l'Oracle rendu, nous tient lieu d'asseurance;
Thebes, lors joüira d'vn paisible repos,
Quand des dents de Python, la semence derniere
Satisfera pour tous, & perdra la lumiere.
Telle est l'arrest des Dieux.

CREON.

O rigoureuse loy!

ÆTEOCLE.

Le jeune Mœnecee, a pris ces mots pour soy,
Se voyant, comme il est, dernier de nostre race,
Sur qui, par consequent, tomboit cette disgrace :
Il s'est soustrait de nous & du haut de la tour,
Rauy, que son mal-heur nous prouuast son amour;
Et porté d'vne ardeur à nule autre seconde,
S'est immolé luy-mesme aux yeux de tout le monde :
Heureux, certes cent fois, qui meurt si glorieux,
Et qui se pourra seul dire victorieux.

CREON.

Mais plus heureux encor, à qui sa mort profite,
Et qui se couurira des lauriers qu'il merite;
Quelle haine des Dieux, iette le sort sur luy,

ANTIGONE,

Et le fait trébucher, pour souftenir autruy:
Fauffes Diuinitez, eftres imaginaires,
Beaux abus des efprits, immortelles chymeres,
Que vous a fait mon fang pour vous eftre immolé?
Quel droit de la Nature auons-nous violé?
Ai-je autre Oedipe, entré dans le lit de ma mere,
Luy fuis-je efpoux & fils, mon fils fut-il mon frere?
Voila que les furgeons d'vn fang inceftueux
Portent le diadefme, & vous eftes pour eux:
Nous, vous nous deftinez, innocentes victimes,
A perir pour leur gloire, & payer pour leurs crimes.

IOCASTE.

O reproche honteux! que renouuelles-tu?
Affez fans toy le fort exerce ma vertu.

ÆTEOCLE.

Ie pardonne, Creon, cette plainte infenfee
Aux recentes douleurs du fort de Manecee:
Ie fçay qu'vn fils qu'on perd afflige viuement,
Mais il faut vne borne à ce reffentiment,
Ou la peine fuiuroit vn femblable caprice,
La guerre, des Eftats n'exclud pas la Iuftice,
Et n'excuferoit pas vn outrage pareil:
Entrons, & m'affiftez d'vne heure de confeil.

Tous entrent horfmis Hemon & Antigone.

SCENE

S.CENE IV.

ANTIGONE, HEMON, ANTIGONE.

Voyez mon cher Hemon, comme sa violence
Va iusques à l'outrage & iusqu'à l'insolence:
I'approuue sa douleur, mais pour quelle raison
Luy fait-elle offencer toute nostre maison ?
Et suiuant, sans respect, sa brutale colere
Troubler iusqu'aux Enfers, le repos de mon pere:
Oedipe, quoy ? tes yeux par tes mains arrachez,
Tes manes, par ta mort, de ton corps détachez,
Ton Sceptre abandonné, tout ton Royaume en armes,
Tes enfans diuisez, nos soupirs & nos larmes
Ne peuuent fainencor qu'vn innocent peché,
Moins de toy, que du sort ne te soit reproché?

HEMON.

Ce mal-heur m'est commun auec vostre misère,
De rougir comme vous des fautes de mon pere,
Qui forçant tout respect, ose bien à vos yeux,

es aſtres qui pourroient en impoſer aux Dieux,)
Paſſer inſolemment iuſqu'à cette licence,
(L'Amour à derobé ce mot à la naiſſance)
Mais, Madame, mon ſens ne s'eſt point démenty,
Et ie ne puis tenir pour vn mauuais party.
Cét eſprit violent, ſi ma crainte n'eſt vaine,
Pour les ſiens, & pour ſoy, promet beaucoup de peine:
Et ie n'oſe vous dire vne ſecrette peur
Que m'imprime en l'eſprit cette mauuaiſe humeur.

ANTIGONE.

Quoy ? touchant noſtre Hymen?

HEMON.

Ma paſsion, Madame,
M'a bien pû, ſans ſuiet, mettre ces peurs en l'ame:
Non, vn ſi beau deſſein, ne peut mal ſucceder,
Le Ciel qui de ſa main, daigna nous accorder,
Doit faire que l'effet à l'attente reſponde,
La premiere faueur, l'oblige à la ſeconde:
De ma part, ie proteſte, en ces diuines mains,
Qu'au moins ie forcerois tout obſtacles humains,
Et que m'oſter à vous, ſeroit vne auanture,
Pour qui ie ſerois ſourd à toute la Nature:
Que mon pere, à mes vœux s'oppoſaſt mille fois,
I'excepterois ce point de ce que ie luy dois:
Nulle raiſon d'Eſtat, nul reſpect de Couronne,

Ne pourroient ébranler la foy que ie vous donne :
A toute authorité, ie fermerois les yeux,
Et ie ferois beaucoup de respecter les Dieux.

ANTIGONE.

Quoy que la mesme foy, que ie vous ay donnee,
Me permit de parler, touchant nostre Hymenee,
L'orage prest à choir dessus nostre maison,
Me défend ce discours, comme hors de saison :
Outre, qu'ainsi qu'à vous, certaine voix secrette,
Comme nostre genie, est quelque-fois prophete :
D'vne aueugle frayeur tout le sein me remplit,
Et me parle bien plus d'vn tombeau que d'vn lit :
Tournons donc nos pensees du costé de l'orage,
Qui menace l'Estat d'vn si proche naufrage :
Ce combat, cher Hemon, au moins s'est il passé
Sans la mort de mon frere, ou sans qu'il soit blessé.

HEMON.

Madame, c'est icy que ie vous ay seruie,
Polynice est viuant, mais il vous doit la vie :
Certes, iamais Lyon, par vn autre irrité
Au combat plus ardent ne s'est precipité,
Que ce ieune Lyon, chef des troupes de Grece,
N'a fait voir, contre nous, de courage, & d'adresse,
Son cœur, payoit d'vn bras, dont les coups furieux,
A peine s'aqueroient la creance des yeux :

Seul il force nos rangs, & de taille, & de pointe,
Ne treuue armet si fort, ny l'ame si bien iointe,
Qu'il ne fasse passage au fer qu'il a poussé,
Et ne voye vn soldat à ses pieds renuersé:
Il donne iusqu'à nous, moins effrayé du nombre,
Que s'il ne combattoit, ny voyoit que son ombre:
Se iette furieux au plus fort du danger,
Et prodigue son sang comme vn bien estranger,
Sous sa main tousiours haute, & tousiours occupee,
Son corps semble à dessein s'offrir à mon espee:
Mais loin d'oser sur luy tenter aucune effort,
I'ay paré mille coups qui luy portoient la mort:
L'amitié qui vous ioint autant que la naissance,
M'a fait contre nous mesme embrasser sa deffense:
Il conserue en sa vie vn bien qui vous est deu,
Bien mieux que sa valeur vous l'auez defendu,
Vous estiez son bouclier au milieu des alarmes,
Et vous l'auez sauué, seule, absente, & sans armes,

ANTIGONE.

Helas! joindre sa mort a mon cruel ennuy,
Seroit bien, cher Hemon, me tuer plus que luy;
A moy bien plus qu'à luy vous rendiez cet office,
Vous sauuiez Antigone en sauuant Polynice:
En effet, & vos yeux peut-estre en sont tesmoins,
Vne estroite amitié de tous temps nous a ioints,
Qui passe de bien loin cét instinct ordinaire,

Par qui la sœur s'attache aux interests du frere:
Et si la verité se peut dire sans fard,
Æteocle en mon cœur n'eut iamais tant de part,
Quoy qu'vn méme deuoir pour tous deux m'interesse
I'ay tousiours chery l'autre auec plus de tendresse,
Iamais nos volontez ne faisoient qu'vn party.
Mais ie suis touisours mesme, & luy s'est dementy.

SCENE. V.

LE PAGE, ANTIGONE, HEMON.

LE PAGE.

MONSIEVR, *on tient conseil, & le Roy*
vous demande.

HEMON.

Agreez ce deuoir qu'il faut que ie luy rende.

ANTIGONE.

Allez, mais sur tout autre, opinez pour la paix,
Et soient vos bons aduis suiuis de bons effets.

SCENE VI.

POLYNICE, ADRASTE, ARGIE.

POLYNICE fous vne tente.

REste lâche, & honteux de tant de compagnies,
Que fous vos eftendars la Grece m'a fournies,
Et dernier de cent Rois, en ma faueur armez,
Autant, & plus que moy, pour moy-mefme animez.
Enfin, i'ouurê l'oreille au confeil de la rage,
Piqué de defefpoir, bien plus que de courage
Et ie viens, mais plus tard, que l'hôneur n'eut voulu,
Vous expofer enfin ce que i'ay refolu :
C'eft, mon pere, vn deffein que ie deuois éclore,
Lors qu'aux vaines des Grecs le fang boûlloit encore :
Les Manes indignez de tant de bons foldats,
Contre ma lâcheté ne murmureroient pas :
Et i'aurois épargné tant d'illuftres perfonnes,
Dont, pour me couronner, i'ay mis bas les couronnes :
Mais puis que cét aduis me vient de mon deuoir,
Quelque tard qu'il arriue il le faut receuoir :
Et vous trouuerez bon, que ie paye à la Grece
Le fang de tant de peuple, & de tant de nobleffe :
Vous auez, (quoi que fage, en ce commun malheur,

Vous ne témoigniez pas voſtre iuſte douleur:)
Vous auez pris, mon pere, en l'intereſt d'vn gendre,
Plus de part, en effet, que vous ne deuiez prendre:
C'eſt moy, chetif, c'eſt moy, qui dedans vos Eſtats
Où vous regniez en paix ſur tant de Potentats,
Mauuais hoſte, ay porté de ces maudites terres
Deſſous vn front d'amour des ſemences de guerres,
Le flambeau de l'Hymen, qui m'allia chez vous,
Eſt le tiſon fatal qui vous conſomme tous ;
Vous mettiez vn ſerpent au ſein de voſtre fille,
Qui deuoit étouffer toute voſtre famille :
I'ay trop, certes, i'ay trop fait voir de lâcheté,
Pour tant de patience, & pour tant de bonté :
Autheur de tant de maux, ie ne veux plus de grace,
Il eſt temps, ou iamais, que ie vous ſatisfaſſe,
Et qu'vn duel enfin, entre mon frere & moy;
Qu'auez vous à pâlir, & d'où n'aiſt cét eſfroy ?

ADRASTE.

Dieux ! que propoſez-vous, quelle horrible auan-
ture ?

ARGIE,

Hé ! Monſieur, eſcoutez la voix de la Nature,
Songez quel eſt le ſang que vous voulez verſer,
Sans honte & ſans frayeur y pouuez-vous penſer ?

POLYNICE.

La chose est resoluë, & la Nature mesme
Souscrit à cet arrest de ma fureur extresme
Outre qu'elle est muette , où parle la raison,:
Elle ne s'entend pas auec la trahison :
Au contraire , elle enseigne à repouser l'iniure,
Et condamne sur tout , la fraude, & le pariure :
Que doit plus la Nature à mon frere qu'à moy,
Pour me lier les mains lors qu'il me rompt sa foy ?
Et pour vouloir que i'erre , & que ie me retire
Quand mon annee arriue, & m'appelle à l'Empire.

ADRASE.

Quelle rage, bons Dieux ! vous occupe le sein ?
Ha ! mon fils, estouffez ce damnable dessein,
Si vostre ambition ne va qu'à la Couronne,
Ie depoüille pour vous l'esclat qui m'enuironne,
Venez prendre, & donner vn paisible repos
Sur le tronne de Lerne , ou sur celuy d'Argos,
Là , Monarque absolu, vous n'aurez point de frere
Qui vous rompe de pacte, & qui vous soit contraire,
La , vostre espouse, & moy, deuenus vos subiets,
De nos fideles soins appuyrons vos projets,
Et vostre authorité n'y sera diuisee
Par aucune puissance à la vostre opposee.

POLYNICE.

POLYNICE.

Non, nõ, ne point regner, les Dieux m'en sõt tesmoins,
Est le ressentiment qui me touche le moins.
Et iamais ma Couronne entre mes mains remise,
N'auroit d'authorité qui ne vous fust sousmise :
Mais qu'vn traistre viole auec impunité
Le respect de l'accord entre nous arresté.
Et que i'obserue apres celuy de la naissance,
Vne vertu si lâche excede ma puissance :
Il faut trop de foiblesse à pouuoir l'exercer,
On étouffe aisément qui se laisse presser,
Non, ma mere elle-mesme au milieu de nos armes,
Ny mes sœurs à mes pieds les yeux baignez de larmes
Quelque droit qu'Antigone ait dessus mes esprits,
Ne destourneroient pas le dessein que i'ay pris,
Ou sa vie ou la mienne, importunes sangsuës,
Doiuent creuer du sang dont elles sont repeuës,
M'en reste-il à boire, & ne voudriez-vous point,
Qu'à ce que i'en ay pris le vostre encor fust joint :
Tydée, de tes iours i'ay la course bornee,
Des tiens, Hyppomedon, & des tiens, Cappanée :
Par moy, braues Heros, sont vesues à la fois
Vos femmes de maris, & vos villes de Rois :
Et sans confusion, ie verrois leur vefuage,
Non, non, trop de iustice à ce deuoir m'engage,
Et trop de honte est iointe à mon retardement :

C

ANTIGONE
Baisant Argie.

A dieu, vous que mon cœur aima si tendrement
Et que le Ciel doüa d'vne vertu si rare,
Vn eternel adieu peut-estre nous separe :
Mais monstrés vostre force à dompter vos douleurs
Et ne m'obligez point à la honte des pleurs ;
Et vous, sage vieillard, digne d'vn autre gendre,
Ayez soin, que la terre, au moins, couure ma cendre,
Et m'ouurez le passage à l'empire des morts,
Dérobant aux corbeaux le butin de mon corps :
Apres, pour vostre fille, employez vostre zele,
Treuuez luy dans la Grece, vn party digne d'elle,
Et que cét autre Hymen luy puisse estre aussi doux,
Que le premier fut triste, & pour elle, & pour vous.
                                        Il s'en va.

ARGIE.

Polynice, hé ! mon pere, arrestez ce barbare,
Qu'il differe vn moment la mort qu'il me prepare,
Et qu'il reçoiue, au moins, l'adieu que ie luy dois ;
Cessez, pleurs, & souspirs, qui m'estouffez la voix.

ACTE II.

SCENE PREMIERE.

POLYNICE, l'espée à la main aux pieds des
Murailles de Thebes

1. CHEF DES GRECS.

POLYNICE.

L A, si ton lâche cœur, enfin se peut resou-
dre,
Tu laisseras la vie, ou i'y mordray la pou-
dre :
Là ton sang, ou le mien signera nostre foy,
Là, de la main des Dieux, Thebes prendra son Roy.
Sorts donc, traistre, l'honneur à ce deuoir t'engage,
La diligence icy doit prouuer le courage,
Et depuis le deffi que mes traits t'ont porté,

C ij

Chaque inſtant qui ſe perd marque ta lâcheté :
Ha ! qu'vn facheux deuoir de ta ville t'arrache !
Qu'vn traiſtre a peu de cœur, & qu'vn perfide eſt
     lâche ?
Quel employ t'a deſia tant de fois retenu ?
Il ne faut point d'apreſt, à paroiſtre tout nu.

L. CHEF DES GRECS.

En ces effets, bien moins de valeur, que de rage,
La nature, Seigneur, diſpenſe le courage,
Vous auriez plus de cœur, ſi vous en auiez moins.

POLYNICE.

Laiſſez iuger aux Dieux, ne ſoyez que teſmoins.

SCENE II.

ANTIGONE, ſur les murailles.
POLYNICE.

ANTIGONE.

Polynice, aduancez, portez icy la veuë;
Souffrez qu'apres vn an voſtre ſœur vous ſaluë :
Mal-heureuſe, hé ! pourquoy ne le puis-je autremẽt !

Quel destin entre nous met cet esloignement ?
Apres un si long temps, la sœur reuoit son frere,
Et ne luy peut donner le salut ordinaire,
Un seul embrassement ne nous est pas permis,
Nous parlons separez comme deux ennemis :
Hé, mon frere, a quoy bon cét appareil de guerre,
A quoy ces pauillons sur vostre propre terre ?
Contre quel ennemy vous estes vous armé,
Ne trembleriez-vous pas, si ie l'auois nommé ?
Accordez quelque chose à la loy naturelle,
Le Soleil s'est caché pour semblable querelle :
Vous vous plaignez, armez, & frapez à la fois,
Est-ce de la façon qu'on demande ses droits ?
Estoit-il d'un bon frere, & d'un Prince modeste,
De paroistre d'abord en cet estat funeste ?
Et de fouler aux pieds sur un simple refus
Tout respect de nature, & ne l'écouter plus ?
Mon frere, au nom des Dieux protecteurs de la
    Grece,
Car vers eux maintenant vostre zele s'adresse,
Et vous n'en gardez plus pour les Dieux des The-
    bains,
Au nom d'Argie, encor, que i'ayme, & que ie plains,
Voyant qu'on luy prepare un si proche vefuage,
Au nom d'Adraste, enfin, domptez ce grand courage,
Ne vous acquerez pas, par vostre dureté
Un renom odieux à la posterité :

O Nature, toy-mesme, à toy mesme contraire,
Voy, que le fer en main, vn frere attend son frere:
Cruel, hé! quel effet pretend vostre courroux?
Duquel, que le sang coule, il coulera de vous:
L'vn ne le peut verser, sans la perte de l'autre;
En respandant le sien, vous repandrez le vostre;
Il ne differe point, ce n'est qu'vn mesme sang,
Que vous auez puisé dedans vn mesme flanc.

POLYNICE.

C'est d'où nous vient aussi, mesme droit à l'Empire,
Que son ambition pretend de m'interdire:
Et ce qui l'obligeoit à me garder sa foy,
Comme digne action, & d'vn frere & d'vn Roy.
Pour vous, ma chere sœur, pieuse, & sage fille,
Gloire du sang d'Oedipe, honneur de sa famille:
Croyez qu'il me déplaist, & tres-sensiblement,
De vous deuoir dedire vne fois seulement:
Mais, par cette amitié, si parfaite, & si tendre
Par où ie connois bien que vous me voulez prendre;
Et pour qui i'aurois peine à vous rien refuser,
De moy mesme aujourd'huy, laissés moy disposer;
Outre mon interest, & celuy de la Grece,
Mon honneur, plus que tout, à ce deuoir me presse:
I'arme pour le bon droit, luy pour la trahison
Il tient pour l'iniustice, & moy pour la raison.

ANTIGONE.

Voila donc cette sœur qui vous estoit si chere,
Econduite aujourd'huy d'vne seule priere.
Hé quoy! cette amitié, qui n'asquit auec nous,
De qui non sans raison, Æteocle est jaloux:
Et par qui se voy bien, que ie luy suis suspecte,
Ne pouuant l'honorer, comme ie vous respecte,
Cette tendre amitié, reçoit donc vn refus,
Elle a perdu son droit, & ne vous touche plus:
Au moins si de si loin, vous pouuiez voir mes larmes,
Peut-estre, en leur faueur, mettriez vous bas les ar-
  mes:
Car ie n'oserois pas encor vous reprocher,
Que vous soyez plus dur, & plus sourd qu'vn
  rocher.
Encore à la Nature, Æteocle deffere,
Il se laisse gagner aux plaintes de ma mere:
Il n'a pas dépoüillé tous sentimens humains,
Et le fer est tout prest à tomber de ses mains:
Et vous plus inhumain, & plus inaccessible,
Conseruez contre moy le titre d'inuincible;
Moy, dont le nom tout seul, vous deust auoir touché,
Dont depuis vostre exil, les yeux n'ont point seché,
Moy, qui sans vous mentir, trouuerois trop aisee
Quelque mort qui pour vous pust m'estre proposee,
Moy, mal-heureuse enfin, qui vous prie a genoux,

Moins pour l'amour de moy, que pour l'amour de
vous.

POLYNICE.

Si quelque sentiment demeure apres la vie,
Que ie vous sçaurois gré, de me l'auoir rauie,
Plutost, ma chere sœur, que de me commander
Ce que ma passion ne vous peut accorder,
Venez m'oster ce fer, oüy venez, mais sur l'heure,
Plongez-le dans mon sein, & faites que ie meure;
Pour vous ma deference ira jusqu'au trépas,
Mais ie ne sçaurois viure, & ne me venger pas.

SCENE III.

ÆTEOCLE CREON POLYNICE,
Les 2. Capit.

ÆTEOCLE, sortant desarmé.

IE viens, enfin, ie viens, prest à te satisfaire,
Et croy que si plutost i'auois pû me soustraire,
Plutost, dessus les lieux, tu m'aurois veu rendu,

Et

Et n'aurois pas l'honneur de m'auoir attendu :
Ma mere, à mon deceu, par Ephite aduertie,
Auec tous ses efforts, empeschoit ma sortie,
Dont il m'a bien déplû, car ie n'ay pas douté
Que mon retardement n'enflast ta vanité :
Ton appel est au reste vn bien que ie t'enuie,
I'en pretendois la gloire, & tu me l'as rauie :
Cent fois de ce dessein mon cœur m'auoit pressé,
Et ce n'est que du temps que tu m'as deuancé ;
Thebes, sur qui iamais nul ne regna sans crime,
Le sort te va donner vn Prince legitime :
Voyons s'il m'ostera le nom que i'en ay pris,
Que le champ du combat en soit aussi le prix.

ANTIGONE.

Ils s'approchent, ô Dieux ! & nul n'y met d'obstacle.
Fuyons, ne voyons pas cét horrible spectacle.

POLYNICE

Enfin quelque remords t'a donc fait souuenir
Que ta foy s'est donnée, & qu'il la faut tenir ?
Tu m'es donc frere, enfin, car ce n'estoit pas l'estre,
Que de te pariurer, & de traiter en traistre ;
Pour nous mieux obliger, vien, signons nos accords
De nostre propre sang, & sur nos propres corps.

D

SCENE IV.

IOCASTE, CREON, HEMON,
Les 2. Chefs Grecs. ÆTEOCLE,
POLYNICE,

CREON.

QVE veut, hors de saison, cette femme importune ?

HEMON.

Destourner s'il se peut, vne estrange infortune.

2. CHEF GRECS.

C'est leur mere, ô Nature, assiste son dessein.

IOCASTE.

Plongez, plongez, cruels, vos armes dans mon sein,
Déployez contre moy vostre aueugle cholere,
Contre moy, qui donnay des freres à leur pere.

Ou si vous m'épargnez, ne versez pas le sang
Que vous auez puisé dans ce coupable flanc :
Accordez-le moy tout, ou ne m'en laissés goutte,
Perdez-moy toute entiere, ou conseruez-moy toute.
Quoy ? nul de vous encor n'a mis les armes bas,
Ie parle & de vos mains, elles ne tombent pas ?
Si quelque pieté regne chez vous encore,
Consentez à la paix que vostre mere implore ;
Si le crime vous plaist, vn plus grand s'offre à vous,
Ce flanc, dont vous sortez est en butte à vos coups ;
Cessez donc cette guerre, ou cessez-en la tréue,
Faite qu'elle s'esteigne, ou bien qu'elle s'acheue ;
Ou n'allez pas plus outre, ou passez iusqu'au bout.
Ne considerez rien, ou considerez tout.
Sus, voyons, quel effet obtiendront mes prieres,
Car mes commandemens n'en obtiendroient plus
        gueres ;
Ie n'aduancerois rien, en vous contredisant,
I'ordonnois autrefois, & ie prie à present :
A qui s'adresseront mes premieres caresses,
Tous deux également partagent mes tendresses :
Celuy-la fut absent, mais si le pacte tient,
Celuy-cy le sera, puis que l'autre reuient :
Ainsi ie perds l'espoir de vous reuoir ensemble,
Si ce n'est que la guerre encore vous assemble ;
L'heur de vous entreuoir ne vous est pas permis,
Si vous ne vous fuyez, vous estes ennemis :

Vous estes diuisez, ou de cœur, ou d'espace,
La haine vous approche, & l'amitié vous chasse
à Polynice.

Ç'a, mes premiers baisers s'adresseront à vous,
Qu'vne si longue absence a separé de nous :
Venez les receuoir, d'vne approche ciuile,
Et déchargez vos mains de ce faix inutile :
Hé! quel est cét abord? qu'il est peu gracieux,
Pourquoy sur vostre frere attachez-vous les yeux?
Ie vous couuriray tout, & pour vous faire outrage,
Il faudroit que par moy, son fer se fit passage :
Chassez de vostre esprit ce deffiant soucy,
Si ce n'est que ma foy vous soit suspecte aussi.

POLYNICE.

Ne desirez-vous point, que ie vous dissimule,
Ma seureté depend de n'estre plus credule :
La Nature n'a plus d'inuiolables droits,
De son propre interest chacun se fait des loix :
Et l'épreuue m'apprend que du pur artifice,
Nature son contraire, auiourd'huy fait l'office :
Vostre parole, en fin, m'est suspecte en effet,
Ma mere pourroit bien ce que mon frere a fait.

IOCASTE.

Soupçonnés vostre mere; ouy, i'aprouue qu'en elle,
Vous redoutiez d'auoir vne garde infidele :

De cét indigne fais ne dechargez ce bras,
Qu'apres, qu'en ma faueur, le Roy l'auras mis bas.

POLYNICE.

Le Roy ? quoy, le perfide exige encor ce titre,
Durant ce differend, dont le sort est arbitre :
Vous, & sa trahison l'auez, donc couronné ?

ÆTEOCLE.

Bien tost, bien tost, les Dieux en auront ordonné.

IOCASTE.

Helas ! qu'en la fureur dont vostre ame est pressee,
Vous prenez tout, d'vn sens contraire à ma pensee,
Ie ne viens pas icy pour aigrir vos debats,
Ie luy donne ce titre, & ne vous l'oste pas.

à Æteocle.

Pour vous la pieté, peut-estre, a plus de charmes :
Approchez Æteocle, & mettez bas les armes,
Cachez à mes regards leur flamboyant acier,
Vous les fistes leuer, posez-les le premier.

Il met l'espée à terre.

Vous vous craignez l'vn l'autre, & moy tous deux
  ensemble,
Mais tous deux, pour tous deux, c'est pour vous que
  ie tremble.

D iij

à Polynice.

Mais voſtre deffiance à la fin doit ceſſer,
Le voyla deſarmé : puis-ie vous ambraſſer :
Faites icy, mes pleurs, l'office de la langue,
Mes ſanglots, mes ſoupirs, commencez ma harangue.
Enfin les Dieux, mon fils, ont exaucé mes vœux,
I'obtiens, en ces baiſers, la faueur que ie veux ;
Mais, faſſe leur bonté, faſſent mes deſtinées,
Que ce bon-heur me dure encor quelques années :
ous faites le mon fils, puis que vous le pouuez,
Car il me durera, ſi vous vous conſeruez,
Les bruits nous ont appris auec quelle allegreſſe,
Et quel honneſte accueil vous a receu la Grece :
Vous y viſtes Adraſte, & l'on dit qu'en ſa Cour
Vous auez fait vn choix digne de voſtre amour ;
Mais qui dans voſtre lit conduiſit voſtre epouſe ?
C'eſt vn droit qu'on m'oſtoit, & dont ie ſuis ialouſe :
Vous ſongeaſtes, ſans doute, en cette élection,
En quel lieu s'adreſſoit voſtre inclination ;
Mais, ſçeuſtes-vous iuger, que par cette alliance,
Vous nous donniez ſujet de iuſte défiance ?
Sçauez-vous ſous quel joug cét Hymen vous a mis !
De nos plus enragez, & mortels ennemis,
Qui ne vous ont ouuert, ny leurs bras, ny leur terre
Que pour auoir pretexte à nous faire la guerre :
Sur ce ſimple doüaire, ils vous ont accordé
Ce funeſte party plutoſt que demandé,

Außi portiez-vous trop, leur portant les semences
De ces diuisions, & de ces violences :
Car qu'elle est cette guerre ! & quels sont ses objets,
Vos parens, vos amis, vos païs, vos subjets ;
C'est ce qu'on peut nommer vostre party contraire,
De ce funeste Hymen nous sommes le douaire :
Encor suis-je obligee à vos mauuais desseins.
Et i'ayme cette guerre, autant que ie la crains,
Puis qu'elle m'a rendu le bien de vostre veuë,
Et que cette faueur luy deuoit estre deuë ;
Tout vn peuple ennemy marche dessus vos pas,
Vous luy sacrifiez vostre natale terre,
Enfin, sans vous, mon fils, ie n'aurois pas la guerre ;
Mais, sans la guerre außi, ie ne vous aurois pas

POLYNICE

Tout vn peuple allié marche dessus mes pas,
Pour me rendre mes droits, & ma natale terre :
Il est vray que sans moy, vous n'auriez pas la guerre ;
Mais, sans la guerre außi, ie ne vous aurois pas.

ÆTEOCLE.

Tout vn peuple ennemy marche dessus vos pas,
Et ne vous rendra point vostre natale terre ;
Il est vray, que sans vous, Thebes seroit sans guerre ;
Mais elle aura la guerre, & vous ne l'aurez pas.

ANTIGONE

IOCASTE.

Tout mon sang, de frayeur, en mes veines se glasse:
Ma priere, cruels, n'obtient donc point de grace:
Ie n'ay pouuoir, credit, authorité, ny rang,
Et ne puis accorder mon sang, auec mon sang.

POLYNICE.

Ne vous semble-t'il point, que la gloire d'vn Prince
Soit d'errer vagabond, de prouince, en prouince,
Chassé de mes païs, de mes biens, de ma cour,
De mon partage encor, dois-ie point de retour?
Que pourroi-ie auoir pis, si i'estois le parjure,
Si j'auois violé les droits de la nature:
Il faut qu'vn traistre regne, & que ie sois banny,
Il sera le coupable, & ie seray puny:
Non, non le droit ordonne, en premiere maxime,
Le prix à l'innocence, & le suplice au crime,
Ie dois soustenir l'vne, & l'autre l'estouffer,
Et le droit que ie veux est au bout de ce fer.

ÆTEOCLE.

Qu'vn braue parle haut!

POLYNICE.

Qu'vn traistre tard se fâche!
Æteocle.

ÆTEOCLE.

Souuent tel braue tremble,

POLYNICE.

Et plus souuent vn lâche.

ÆTEOCLE,

Ce cœur si haut m'estonne,

POLYNICE.

Et moy, le tien si bas,

ÆTEOCLE.

L'effet le monstrera :

POLYNICE.

Tu ne te hastes pas.

IOCASTE.

Quelle gloire, bons Dieux ! ou plustot, quelle rage,
A faillir le premier met le plus de courage ?
La valeur est honteuse en pareil differend,
Et la gloire appartient à celuy qui se rend :
Ie sçay qu'à vostre teste il faut vne couronne,
Mais que hors de chez nous vôtre main vous la dõne :
Faut-il que d'vn seul lieu vos desseins soient bornez ?

E

ANTIGONE.

Et ne sçaurois-ie auoir deux enfans couronnez ?
Montez, le fer en main, les rochers de Tymole,
Soumettez-vous les lieux que dore le Pactole :
Osez ce qu'ont osé tant d'autres conquerans,
Tenez tout de vous seul, & rien de vos parens ;
Encor, en tiendrez-vous, ce grand cœur en partage,
Ce cœur qui vous peut faire vn si bel heritage,
Qui vous peut au besoin donner vn si beau rang,
Sans, que vous le cherchiez dans vostre propre sang.

POLYNICE.

Que Thebes luy demeure, & que ie me retire !

IOCASTE.

Thebes, vous le sçauez, est vn fatal Empire :
Et son trosne est vn lieu bien funeste à son Roy,
Les exemples de Laye, & d'Oedipe en font foy.

POLYNICE.

Vn autre encor bien tost le fera mieux paroistre :

IOCASTE.

Cruel ! de vostre frere.

POLYNICE.

Et de tous deux peut-estre.

IOCASTE.

Quelle obstination?

POLYNICE.

Quelle infidelité!

IOCASTE.

Mais quoy? son regne plaist, le vostre est redouté
Il a gagné les cœurs,

POLYNICE.

Et moy, moins populaire.
Ie tiens indifferend, d'estre craint, ou de plaire
Qui regne, aymé des siens, en est moins absolu:
Cét amour rompt souuent ce qu'il a resolu:
Plus est permis aux Roys, à qui plus on s'oppose,
Vne lâche douceur aux mépris les expose;
Le peuple, trop aisé, les lie en les aimant,
Il faut, pour estre aimé, regner trop mollement.

IOCASTE.

L'amour de ses subjets, est vne seure garde.

POLYNICE.

Souuent qui trop se fie, aussi trop se hazarde:
Mais ne m'opposez plus d'inutiles auis,

Parle, ma paßion, les tiens seront suiuis :
Passe au dernier excés que peut faire paroistre
L'amour d'vne Couronne, & la haine d'vn traiſtre,
Ie ne puis d'aucun prix, tant fût-il infiny,
Voixl'vne trop payée, & l'autre trop puny.

IOCASTE.

Bien, puis que ny ſanglots, ny prieres, ny larmes,
Ne peuuent de vos mains faire tomber les armes :
Et, qu'auecques raiſon, ie vous puis reprocher,
Que vous portez vn cœur auſſi dur qu'vn rocher :
Ie conjure, des Dieux, la puiſſance ſupréme,
De me faire venger par voſtre refus méme ;
Et vous ſouhaite encor quelque mal-heur plus grand,
Que celuy que promet ce mortel differend.
Vne inuincible ardeur en mes veines s'allume,
Qui d'vn ſecret effort, iuſqu'aux os me conſume :
Ma conſtance eſt à bout, la Nature ſe taiſt,
La fureur me poſſede, & ce mal-heur me plaiſt.
Adieu, non plus mes fils, mais odieuſes peſtes,
Et deteſtables fruits de meurtres & d'inceſtes :
Vous ne mourez pas ſeuls, & ie ſuiuray vos pas,
Pour vous perſecuter, meſme apres le trépas,

      Elle s'en va furieuſe.

1. CHEF DES GRECS.

Son entremiſe eſt vaine :

HEMON.

O constance barbare!

CREON á ÆTEOCLE.

Enfin, le champ est libre, & rien ne vous separe.
Qui ne presse affoiblit l'effet des grands projets,
Vengez-nous, vengez-vous, & vengez vos sujets.

ÆTEOCLE.

Vostre interest, Creon, vous meut plus que ma gloire,
Vous pressez le combat, & craignez la victoire:
Vous sçauez qu'apres nous, le Sceptre des Thebains,
Par ordre, & droit de sang, doit tomber en vos mains:
Mais les garde le Ciel de vostre tyranie,
Voicy parquoy sera vostre attente banie;
Choisissons, icy prés, vn champ plus spacieux,
D'où l'vn, & l'autre camp nous considere mieux,
Et que le sort apres conduise l'auanture?

POLYNICE.

Faisons tost.

HEMON Les suiuant.

O journée, honteuse à la nature,

ACTE III.

SCENE PREMIERE.

ANTIGONE, En deuil dans sa chambre.

INconstante Reyne du monde,
Qui faits tout par aueuglement,
Sans dessein, & sans fondement,
Et sur qui toutefois, toute chose se
fonde :
Pousse ta rouë, & ne te lasse pas,
Fais que son tour s'acheue,
Il faudra qu'elle nous releue,
Apres nous auoir mis si bas.

Tels, que d'vne mer agitée,
On voit les flots s'entre-suiuans,
Se fuir apres, au gré des vents,

Et ne tenir iamas vne aßiette arreſtée :
Tel eſt ton ordre : aux biens que tu nous faits,
Tu nous careſſes, tu nous frappes,
Tu viens à nous, tu nous échappes,
Et tu ne t'arreſtes iamais :

Mais, pourquoy, trompeuſe Deeſſe,
S'il eſt vray que tu n'as point d'yeux ;
Eſt-ce pluſtoſt à de hauts lieux,
Qu'à des toicts de Bergers que ta rigueur s'adreſſe,
Tu ne peux voir ſur la teſte d'vn Roy,
L'éclat que tu luy donnes,
Et qui tient de toy des Couronnes,
A touſiours guerre auecques toy.

SCENE II.

HEMON.   ANTIGONE.

ANTIGONE.

TV reuiens seul, Hemon, ô sinistre presage !
Que ie lis d'infortune aux traits de ton visage :

HEMON,

Il vous faut diuertir par vn autre entretien;

ANTIGONE,

Helas ! tu me dis tout, en ne me disant rien.

HEMON.

Madame, ie croyois que la commune plainte
Vous eust desia liuré cette sensible attainte,
Et fut cause du deüil que ie rencontre icy.

ANTIGONE.

Æteocle est donc mort ?

HEMON.

HEMON.

Et Polynice auſſi.
Faites, à ce grand cœur, faire vn effort extreſme,
Oppoſez la Nature à la Nature meſme :
L'ennuy d'vn tel malheur ne peut eſtre leger,
Mais la part que i'y prens le doit bien alleger.

ANTIGONE.

O prodige ! ô combat ! digne de ſon yſſuë,
Ou plus que les vaincus, la Nature eſt vaincuë,
Ou le crime s'eſt vû par le crime étouffer,
Ou l'impieté ſeule a droit de triompher :
Faites- m'en le recit,

HEMON.

Voſtre douleur, peut-eſtre

ANTIGONE.

Non, elle eſt en vn poinct, où rien ne peut l'accroitre,
Mes ſens, par ſon excez, ſont demeurez perclus,
Pour la trop reſſentir, ie ne la reſſens plus.

HEMON.

Quand leur haine obſtinée, eut rendu de la Reyne
Le pouuoir ſans effet, & la priere vaine :
Et qu'au champ du combat, chacun d'eux conſentit,
La rage s'y vint rendre, & Nature en ſortit,

F

Pareils à deux lyons, & plus cruels encore,
Du geste, chacun d'eux, l'vn l'autre se deuore :
Auant qu'en estre aux mains, ils combattēt des yeux,
Et se lancent, d'abord, cent regards furieux :
Enfin, d'vn maintien graue, & d'vne voix altiere :
Polyniçe, tout haut pousse cette priere :
O Dieux ! si quelque-fois vous consentez au mal,
Quand il semble ordonné par vn decret fatal,
Et qu'on en peut nommer la cause legitime,
Guidez ce bras vengeur, & soustenez mon crime :
Apres, pour l'expier à moy-mesme inhumain,
Dedans mon propre sang ie laueray ma main :
Si ce traistre y peut voir le sceptre qu'il me nie,
Auant que de son corps son ame soit bannie :
Et s'il peut, en mourant, emporter auec soy,
Le regret de sçauoir que ie suruiue Roy.
Là commence l'approche, où l'ardeur qui les presse,
Pratique aux premiers coups quelque art & quel-
    que adresse,
Ils passent sans effet, & d'vne, & d'autre part,
Mais bien tost la fureur l'emporte dessus l'art,
Chacun voulant porter, & chacun voulant rendre :
Quitte, pour attaquer le soin de se deffendre,
Et tous deux, tout danger à leur rage sousmis,
S'exposent aussi nuds que s'ils estoient amis :
Mais apres que pareils, de force, & de courage,
Ils ont gardé long-temps vn égal aduantage,

De Polynice, en fin, le fort guide le bras,
Il pousse vn coup mortel, qui porte l'autre à bas.

ANTIGONE.

Et le Ciel, à ce crime, a presté sa lumiere !

HEMON.

Le Roy tombe, & son sang coule sur la pousiere,
Mais en sa cheute encor sa haine se soutient
Et son cœur veut éclore vn espoir qu'il retient :
Couleur, ny mouuement ne reste à son visage,
Il semble que des sens il ait perdu l'vsage :
Il le reserue tout pour vn dernier effort,
Et sçait encor tromper dans les bras de la mort,
Polynice, rauy d'vne fausse victoire,
Dont bien tost sa deffaite effacera la gloire,
Leuant les mains au Ciel, s'écrie à haute voix,
Soyez benis, ô Dieux, iustes iuges des Roys :
Thebes, dessus ma teste, apporte ta Couronne,
Elle est mienne, & le sang par deux fois me la donne,
Apporte, ceste veuë hastera son trespas,
Ma teste acheuera l'office de mon bras.
Il s'approche à ces mots, luy veut oster l'espée,
Mais sa main est à peine, à cette œuure occupée :
Que l'autre ramassant vn reste de vigueur,
Que la haine entretient à l'entour de son cœur :
Retire vn peu le bras, puis le poussant d'adresse,

F ij

Pagination incorrecte — date incorrecte

NF Z 43-120-12

ANTIGONE,

Luy met le fer au sein, que mourant il y laiße :
Polynice, à ce coup, mortellement atteint,
Vne froide pâleur s'emparant de son teint :
Quoy, ta rage, dit-il, n'est donc pas aßouuie,
Et tes desloyautez ont suruécu ta vie,
Ta perfidie arreste où ton ame n'est pas :
Atten-moy, traistre, atten, ie vais suiure tes pas ;
Et plus ton ennemy que ie ne fus en terre,
Te porter chés les morts vne immortelle guerre,
Là nos ames feront, ce qu'icy font nos corps,
Nous nous battōs viuans, & nous nous batrōs mors :
Auecque ce discours, il acheue sa vie,
La lumiere, à ses yeux, est pour iamais rauie;
Et nous, le cœur transi de frayeur, & d'ennuy,
Demeurons, sur le champ, presque außi morts que
    luy.

ANTIGONE,

Que vostre mort, ma mere, est vn bien que i'enuie,
Et qu'il me seroit doux de vous auoir suiuie :
Venez voir, cher Hemon, si le Ciel en courroux,
Peut lâcher quelque trait, qu'il n'ait lâché sur nous
Entrez en cette chambre.

SCENE III.

ISMENE, ANTIGONE,

ISMENE.

O Barbare sentence !

ANTIGONE.

Quel ennuy doit encor éprouuer ma constance.

ISMENE.

Sçauez-vous du combat le succez mal-heureux ?

ANTIGONE.

Oüy, digne de leur rage, & funeste à tous deux.

ISMENE.

Sçauez-vous que Creon succede à la Couronne,

ANTIGONE

ANTIGONE.

C'est vn bien qu'on luy doit, & que le sang luy donne.

ISMENE.

Sçauez-vous la rigueur de son premier Edit?

ANTIGONE.

Non, Hemon est icy, qui ne m'en a rien dit.

ISMENE.

Il fait d'vn acte impie vn acte de iustice,
Il deffend d'inhumer le corps de Polynice :
Et declarant ce Prince ennemy de l'Estat,
Condamne l'infracteur, comme d'vn attentat :

SCENE IV.

HEMON, ISMENE, ANTIGONE.

HEMON.

CERTES, *jamais le sort n'a sur humaine race*
Tant versé, pour vn iour, de peine & de dis-
grace.

Iocaſte deffaite! ô deſtin inhumain!

ANTIGONE.

Vous voyez en ſa mort, vne œuure de ſa main :
Heureuſe, & douce mort, puis qu'elle a ſceu par elle,
De celle de ſes fils, préuenir la nouuelle :
Voyez ſi ma conſtance a dequoy s'exercer,
Mais ma peine, ou ma vie, enfin pourra ceſſer :
Cette raiſon, au moins, en mon mal me conforte,
Que s'il n'eſt ſupportable, il faudra qu'il m'emporte :
Mais de grace, Seigneur, accordez aujourd'huy
Vn peu de ſolitude à ce cruel ennuy,
Et me prouuez la part que vous y daignez prendre,
En laiſſant à mes pleurs le temps de ſe répandre,

HEMON.

Ie ſerois plus cruel que vos propres douleurs,
Si ie vous deſniois la liberté des pleurs.
Adieu; mais treuuez bon qu'en ce mal-heur extréme,
Ie vous laiſſe vous-meſme à garder à vous-méme :
Domptez de voſtre ſort l'implacable courroux,
Et que voſtre vertu me reſponde de vous,

SCENE V.

ANTIGONE, ISMENE.

ANTIGONE.

C'EST bien visiblement, ma sœur, ma chere Ismene,
Que le Ciel aujourd'huy nous declare sa haine,
Et que son bras vengeur, poussé par son courroux,
Poursuit encore Oedipe, & le punit en nous ;
Sa parricide erreur nous fut vn coup funeste,
Et Vierges, nous portons la peine d'vn inceste,
Nos deux freres sont morts, ma mere suit leurs pas,
Et le Ciel toutefois ne se satisfait pas,
Il suscite vn Tyran, esleué par leur cheute,
Dont le regne insolent desia nous persecute,
Qui veut priuer les morts du repos des tombeaux,
Et voüer nostre sang à la soif des corbeaux.

ISMENE.

On dresse, par son ordre, vn appareil celebre,
Pour honorer le Roy de la pompe funebre,

Et

'Et comme vn deffenseur, de l'Estat, & des siens,
Il luy fait decerner les honneurs anciens :
Mais il veut que cent ans l'autheur de cette guerre,
Ombre vaine, & plaintiue aux noirs riuages erre ;
Et deffend que son corps, sang d'Oedipe & de nous,
Ait d'autre monument que le ventre des loups :
Telle qu'est cette loy, telle est aussi la peine,
La premiere est impie, & l'autre est inhumaine :
Car entr'elles il met ce funeste rapport,
Qu'on enterrera vif, qui l'enterrera mort.

ANTIGONE.

L'ordonnance auec soy, porte sa fin expresse ;
C'est à nous qu'elle parle, à nous qu'elle s'adresse :
La racine arrachée, & les arbres destruits,
Le cruel veut encore exterminer les fruits.
Or il est temps, ma sœur, de monstrer qui nous sommes,
Et qui peut plus sur nous, ou des Dieux, ou des
    hommes ;
C'est icy que le sang, & la condition
Ne nous permettent pas vne lâche action,
La vertu doit icy forcer la tyrannie,
Peut-estre que plus foible elle sera punie :
Mais de tant de tourmens, que nous liure le sort,
Il ne peut, apres tout, arriuer qu'vne mort :
Enfin, expres, ma sœur, i'ay voulu qu'Hemon mes-
    me,

G

Qui prend mes interests, & qui sans feinte m'aime;
Pour ne s'opposer pas à ce triste deuoir,
Nous laissast le lieu libre, & n'en pût rien sçauoir.

ISMENE.

Dieux ! que proposez-vous ? & que pouuons-nous
faire,
Qui ne soit inutile au repos de mon frere ?

ANTIGONE,

Acquittons-nous, au moins, selon nostre pouuoir.

ISMENE.

Mais, ma sœur, l'impuissance excuse le deuoir :

ANTIGONE.

Quoy, vous deffendez-vous d'un si pieux ouurage ?

ISMENE.

L'esperance me manque, & non pas le courage.

ANTIGONE.

Quand l'une peut manquer, l'autre est bien imparfait.

ISMENE.

Que profite un espoir qui n'obtient point d'effet ?

ANTIGONE.

En ces precautions la foibleſſe eſt viſible.

ISMENE.

La promptitude auſſi, bien ſouuent eſt ſnuiſible. ſ

ANTIGONE.

Pour vn acte ſi iuſte, auoir le cœur ſi bas:

ISMENE.

L'acte eſt iuſte, il eſt vray, mais Creon ne l'eſt pas.

ANTIGONE.

Et s'il eſt inhumain, ſerez-vous inhumaine?

ISMENE.

I'abhorre l'ordonnance, & redoute la peine:

ANTIGONE.

Le deſſein ſans effet, eſt auſſi ſans merite.

ISMENE.

Mais le deſſein ſuffit, ſi l'effet ne profite.

ANTIGONE.

N'eſt-ce pas profiter, que d'inhumer les morts!

ANTIGONE

ISMENE.

Non, car Creon, enfin, rendroit vains nos efforts.

ANTIGONE.

Demeurez donc, Ismene, & sauuez-vous la vie,
Comme vn tresor bien rare, & bien digne d'enuie;
Nos iours sont, en effet, si bien traitez du sort,
Que vous auez raison de redouter la mort.

ISMENE.

Considerez ma sœur, que restant sans deffense,
Le pur rebut du sort, & la mesme impuissance;
Filles, pour dire assez, que nous ne pouuons rien,
Vn peu d'abaissement aujourd'huy nous sied bien;
Ce n'est pas, qu'en effet, nostre soin se refuse,
Le sang conuie assez, mais la foiblesse excuse:
Et desia mon deuoir s'en seroit acquitté,
S'il ne falloit ceder à la necessité.

ANTIGONE.

Quelque consentement que vous puissiez produire,
Ie vois qu'il pourroit moins me seruir, que me nuire,
Qui n'est pas asseuré, trauaille mollement,
Et souuent destruit tout, par le retardement:
Seul, on s'acquite mieux d'vne grande entreprise,
Le trauail s'affoiblit alors qu'il se diuise,

Laiſſez m'en donc le ſoin, & ſage à voſtre ſens,
Rendez-vous à la force, & prenez loy du temps.

ISMENE.

I'enuie, à ce grand cœur, cette grande aſſeurance;
Mais pour les loix, enfin, i'ay plus de reuerence.

ANTIGONE.

I'en auŕois comme vous, mais i'en vſerois mieux,
Et voudrois que les loix en euſſent pour les Dieux.

ISMENE.

Ha! que vous me cauſez vne frayeur extréme.

ANTIGONE.

Ne m'eſpouüentez point, & tremblez pour vous-
meſme,

ISMENE.

Soyez ſecrette au moins, comme ie vous promets,
Que par moy ce deſſein ne ſe ſaura jamais.

ANTIGONE.

Si rien eſt à cacher, cachez voſtre foibleſſe,
Ie fais gloire pour moy, que ma vertu paroiſſe.

ISMENE.

Comme dans les dangers vous vous precipitez.

ANTIGONE.

Auec autant d'ardeur que vous les euitez.

ISMENE.

Ie vous l'ay dit cent fois, cette œuure sera vaine.

ANTIGONE.

Bien, mon pouuoir cessant fera cesser ma peine.

Ismene ~~ANTIGONE~~

Mais ce n'est pas assez d'entreprendre ardemment,
L'honneur de l'entreprise est en l'euenement.

ANTIGONE ~~ISMENE~~

Vos raisons, comme vous, sont de si peu de force,
Que loin de m'arrester, cét obstacle m'amorce.
Laissez indifferend mon bon ou mauuais sort,
Voyez, si ie peris, mon nauffrage du port,
Pour moy, ie tiens plus chere, & plus digne d'enuie,
Vne honorable mort qu'vne honteuse vie;
Et de mes ans, enfin, voir terminer le cours,
Ne sera qu'arriuer où ie vais tous les iours.

ISMENE.

Allez donc, & le Ciel pour vous, & pour mon frere,
Conduisé ce dessein mieux que ie ne l'espere :
Mais vos soins, si mon cœur ne m'abuse aujourd'huy,
Preparent vn cercueil, plus pour vous que pour luy.

SCENE VI.

ARGIE, MENETE, Vieillard, vne lanterne
en main, sur les ramparts où s'est fait
le combat,

MENETE.

MADAME, *vous cherchez vostre perte vi-*
sible ;

ARGIE.

C'est bien ma perte, helas ! elle m'est bien sensible.

MENETE.

Ie dis de vostre vie,

ANTIGONE

ARGIE.

Hé ! le mesme trespas
Qui l'oste à mon espoux, ne m'en priue-t'il pas ?
Menete, voulez-vous qu'en ce mal-heur extréme
I'abandonne aux corbeaux la moitié de moy-méme !
Et que l'iniuste arrest qu'on nous a rapporté,
Iusqu'au repos des morts porte sa cruauté :
Peut-estre que desia Polynice m'accuse
De luy rendre si tard l'honneur qu'on luy refuse :
S'il ne l'a pas, i'ay tort, s'il l'ai ay tort aussi,
Car c'est à mon deuoir qu'appartient ce soucy,
C'est pour ce triste soin, dont mon deuoir me presse,
Que ie me suis soustraite aux trouppes de la Grece,
Qui, le siege leué, par vn honteux départ,
Souffre cette iniustice, & n'y prend point de part.

MENETE.

Pour ne nous pas tromper, ne prenons autre voye,
Que celle des oyseaux qui vont à cette proye :
L'infection des corps vient desia iusqu'à nous :
Icy furent portez, & rendus tant de coups :
Voicy le champ fertile en tvnt de funerailles,
Thebes n'est pas fort loin, i'entreuois ses murailles.

ARGIE.

O Thebes ! autrefois l'objet de mes desirs,
Maintenant

Maintenant le sujet de tous mes déplaisirs,
A qui, pourtant le Ciel, soit encore propice,
Si ta pitié me rend le corps de Polynice :
Tu vois en quel estat, femme, & sœur de tes Roys,
Ie me presente à toy pour la premiere fois :
Voy, perfide cité, quelle pompe enuironne,
Celle qui iustement pretendoit ta couronne :
Ce n'est pas elle aussi qui guide icy mes pas,
Et mon ambition ne te déplaira pas ;
Ie ne cherche qu'vn mort ie ne veux que sa cendre,
Ie ne t'oste qu'vn soin que tu ne daignes prendre :
Me le desnieras-tu ? Rends, cruelle, rends moy
Celuy que tu chassois, comme indigne de toy ;
A qui tu fus perfide autant que legitime,
Qui fut ton Roy sans sceptre, & ton banny sans crime :
Et toy, mon cher espoux, s'il reste apres les morts
Quelques manes errans allentour de leurs corps,
Guide-moy par les tiens à ce funeste office,
Que Polynice m'aide à treuuer Polynice ;
C'est toy seul que ie cherche en ces funestes lieux,
Daigne, encor vne fois, te monstrer à mes yeux.

H

SCENE VII.

ANTIGONE, MENETE, ARGIE.

MENETE.

MADAME, contentez la douleur qui vous
presse,
Nous sommes apperçeus, quelqu'vn vers nous s'a-
dresse.

ANTIGONE.

Quel dessein temeraire adresse icy tes pas ?

MENETTE.

Ce qui l'y fait venir ne vous regarde pas ?

ANTIGONE.

Vient-elle oster aux morts les larmes que ie verse,
Et mettre empeschement à ce triste commerce,
Quel interest l'y pousse ? & quel est son soucy ?
Ce soir est tout a moy, seule i'ay droit icy.

4

ARGIE.

Si quelqu'vn de ces morts vous cause de la peine,
Et si, comme ie croy, mesme dessein nous meine;
Si mesme de Creon vous craignez le courroux,
Ie pourray, sans danger, me declarer à vous :
Hier femme, aujourd'huy vefue de Polynice,
Ie venois, à son corps, rendre vn dernier office,
Croyant qu'à la faueur du voile de la nuit :

ANTIGONE,   L'embrassant.

Est-ce Argie ? ô ma sœur, quel bon-heur me conduit ?
Ou plutost, quel destin à mon bon-heur contraire,
Fait, que quand ie vous vois, ie ne vois plus mon
    frere ?
Tant qu'il eut ce plaisir, ses sœurs ne l'eurent point,
Ses iours nous separoient, & son trespas nous ioint :
Quelque part, que pour vous, mon cœur prist en sa
    flamme,
Ie ne vois que sa vefue, & n'ay point veu sa femme,
Enfin, vn mesme soin nous fait treuuer icy,
Ce qui méne Antigone, amene Argie aussi.

ARGIE.

Antigone, ma sœur, quelle premiere veuë ?
Qui l'eust imaginée, ou qui l'eust attenduë ?
Que pour nous la fortune a de fausses douceurs,

H ij

Commençant de nous voir, nous cessons d'estre sœurs:
Ie n'ay pû vous monstrer la sensible allegresse,
De me voir iointe à vous, que quand la cause en cesse;
Encore, en ce mal-heur, dois-je benir le sort,
Qui me monstre la sœur, lors que le frere est mort;
Au deffaut de l'objet, son image, contente,
Encor voy-je de luy quelque chose viuante:
Vos corps furent formez dedans vn mesme flanc,
Vous ne fustes qu'vn cœur, & qu'vn ame, & qu'vn
　　sang.

ANTIGONE.

Ce n'est pas sans raison que sa perte m'est dure,
L'amitié nous ioignoit bien plus que la nature.

ARGIE.

Aussi, ma chere sœur, les Dieux m'en sont tesmoins,
Son trosne estoit l'Aimant qui l'attiroit le moins,
Ny repos, ny païs, ny mere, ny couronne,
Ne luy fut en objet, à l'égal d'Antigone;
Iour ny nuit n'ont passé qu'il ne parlast de vous,
Et non sans que mon cœur en fust vn peu jaloux:
Car, à voir quelle part nous auions en son ame,
Ie paroissois sa sœur, & vous sembliez sa femme :
Mille fois pour vous voir, il a de ces rempars
Deuers Thebes ietté les yeux de toutes parts;
Mais las! il vous a veuë, & cette veuë est vaine,

Elle n'a diuerty sa mort ny nostre peine:
Nous n'esperions qu'en vous, & contre nostre espoir,
Il a pû, sans flechir, vous entendre, & vous voir:
Il s'est pû, cette fois, deffendre de vos charmes:

ANTIGONE.

Helas! il consultoit de mettre bas les armes;
Et desia son courroux estoit presque amorty,
Mais, si mal à propos, Æteocle est sorty,
Qu'il m'a rauy le temps,

MENETE.

Craignant quelque surprise
Allons chercher le mort, acheuons l'entreprise,
Et faites quelques tréue, auecques vos douleurs:

ANTIGONE,

Allons. dessus son corps nous répandrons nos pleurs:
Son corps, où fut mon sang,

ARGIE.

Son corps, où fut mon ame,:

ANTIGONE.

Quel employ pour sa sœur!

ARGIE.

Quelle nuit pour sa femme!

ACTE IV.

SCENE PREMIERE.

CREON Roy, CLEODAMAS, EPHYTE,
Gentils-hommes du Roy.

CREON.

Nfin l'eſtat eſt calme, & les Dieux ont
    permis
Que l'orage tombaſt deſſus nos ennemis:
Enfin, Thebes, enfin, la voix de ton Pro-
   phete,
Des volontez des Dieux, eſt fidele interprete,
Son Oracle eſt ſuiuy de viſibles effets,
La mort de Manecée a produit cette paix:
Par vn ſort tout enſemble, & propice, & contraire,
La ruine du fils a couronné le pere:
Pour profiter pour moy, luy-meſme s'eſt perdu,

Pour esleuer mon sang, mon sang s'est respandu;
Mais plaindre son trespas, est alterer sa gloire,
Luy seul, tout mort qu'il est, nous gaigne la victoire:
Le public interest condamne mes douleurs,
Et rauit à mes yeux la liberté des pleurs;
Sa mort, esteint du Ciel, la fureur vengeresse,
Chasse de son pays les forces de la Grece,
Renuerse Polynice, & sa temerité,
Et luy couste vn trépas iustement merité :
Æteocle auec cœur a pris nostre deffense,
Aussi sçay-ie des deux faire la difference :
I'entens, qu'auec ma Cour, toute la ville en deüil,
Demain, rende au dernier les honneurs du cercueil,
Mais mon authorité ne peut sans iniustice,
Décerner ces honneurs au corps de Polynice :
Il importe à l'Estat, qu'vn ennemy iuré,
Qui s'est ouuertement contre luy declaré,
De sa rebellion, reçoiue le supplice,
Et demeure priué de ce funebre office.

CLEODAMAS.

Vn grand Roy pese tout d'vn contrepoids égal,
Rend le bien pour le bien, & le mal pour le mal :
Que Thebes auiourd'huy dressast des funerailles,
A qui vouloit hier abatre ses murailles,
Qui marchoit sur les siens pesle-mesle accablez,
Qui fit auec le feu la moisson de ses bleds,

Et qui demain, peut-estre, eust pû voir auec ioye,
Embraser, par les Grecs, cette seconde Troye:
Qu'elle luy decernast les honneurs du tombeau,
Ce zele est sans exemple, & seroit tout nouueau.

EPHYTE.

C'est trop, Cleodamas, exagerer son crime,
Que sa pretention fust ou non legitime:
Encor ce traitement paroist-il inhumain,
Il fut homme, il fut noble, il fut Prince & Thebain:
Ie veux qu'il soit coupable, il laisse en son offense
Vne matiere au Roy d'exercer sa clemence.
D'vn regne commençant la premiere action,
Fait dessus les esprits beaucoup d'impression,
Et la douceur y trace vne secrette voye,
Par où le joug passant se reçoit auec joye:
La rigueur, au contraire, en cés euenemens,
Iette, au pouuoir des Roys, de mauuais fondemens;
A peine il s'establit, qu'on souhaitte qu'il cesse,
Et tout joug nous desplaist, quand d'abord il nous
      presse.
Sire, outre ces raisons que vostre pieté.
Lie aujourd'huy les mains à vostre authorité,
Donnés à vostre regne vn fauorable augure,
Accordés la Iustice auecque la Nature:
Regnez sur les esprits premier que sur les corps,
Faites honeur aux Dieux, en faisant grace aux morts.
                                    CREON.

CREON.

O fol raiſonnement ! ſpecieuſe foibleſſe !
Sur toute lâcheté, ce faux zele me bleſſe :
Quoy donc, pour vn impie, il faut eſtre pieux,
Et faire grace au crime, eſt faire honneur aux Dieux:
Depuis quand, des deux poincts, d'où dépend la Iu-
    ſtice,
A, leur ſacré conſeil, retranché le ſupplice ?
Et fait, par vn deſordre, à leur gloire fatal,
De la ſource du bien, la ſemence du mal;
Quoy ? venir embrazé d'vne aueugle furie,
Verſer le ſang des ſiens, ruïner ſa patrie,
La rage dans le cœur, & les armes au poing,
Eſt eſtre cher aux Dieux, & meriter leur ſoing ?
Non, non, c'eſt de nos maux faire le Ciel complice,
C'eſt, de la pieté, faire vn appaſt au vice;
Contredire ſon Roy, ſur vn ſi iuſte arreſt,
C'eſt ne pouuoir plier ſous vn ioug qui déplaiſt;
Et du Zele indiſcret, & partiſan du crime,
Pallier le refus d'vn zele legitime :
Mais, où l'on m'oſtera la qualité de Roy,
Ou mon authorité maintiendra cette loy.
Du corps de ce mutin, giſant ſur la pouſſiere,
Le ventre des corbeaux ſera le cimetiere;
Et ſe tienne aſſeuré d'vn cruel chaſtiment,
Quiconque luy deſtine vn autre monument.

I

CLEODAMAS.

Sire, quel mal-heureux⬤ apres voſtre deffenſe,
Pour l'intereſt d'vn mort, prendroit cette licence ?

CREON.

Touſiours quelque rebelle en vn regne naiſſant,
Croit faire vn coup d'eſtat en deſobeyſſant.
Et ſe iette, à clos yeux, au danger plus extréme,
Au meſpris de ſon Prince, au meſpris de ſoy-meſ-
    me:
Mais ſon crime eſt vtile, & contient quelque fois
De plus mutins que luy dans le reſpect des loix,
Suffit, que ſi mon fils enfraignoit ma deffenſe,
Son ſang, ſon propre ſang en laueroit l'offence;
Et que i'ay des Argus aux coſteaux d'allentour,
Qui feront leur deuoir, d'y veiller nuit & iour.

SCENE II.

1. GARDE, CREON, CLEODAMAS,
EPHYTE.

LE GARDE.

O *Vertu criminelle! ô pieté funeste:*
Du mespris de la mort, preuue trop manifeste!

CREON.

Qu'est-ce? quelle nouuelle?

LE GARDE.

       Ha: quel est mon mal-heur?
D'auoir esté commis pour instrument du leur.

CREON.

Quoy desia mon Edict a treuué des rebelles?

LE GARDE.

Sire, pour faire ouïr de mauuaises nouuelles;

I ij

Qu'il fàut faire fur foy de violens efforts,
Et qu'on a de contrainte à les mettre dehors.
La Princeffe Antigone ;

CREON.

O mal-heureufe fille !
Sur qui i'eſtabliſſois l'eſpoir de ma famille :
O race deteſtable ! & digne de fon fort.

LE GARDE.

Secondée, à ce foin, par la vefue du mort,
Vient d'eſtre aupres du corps, deſſus l'heure furprife,
De fon funebre office, acheuant l'entreprife ;
Deux de mes compagnons, qui l'amenent icy,
Vous la vont prefenter, & l'Eſtrangere auſſi.

EPHYTE.

Le Ciel a, iuſqu'au bout, verſé fur cette race
Difgrace fur mal-heur, & mal-heur fur difgrace.

CREON.

O mafque de vertu ! que ta fauſſe beauté
Couure d'hypocrifie, & de defloyauté !
Quoy ? cette miferable à mon fils deſtinée,
Sur le poinſt d'accomplir cét heureux Hymenée,
Declare maintenant fa haïne contre moy,
Son refuge, fon oncle, & fon pere & fon Roy.

Non, i'aurois plutost crû que toute vne Prouince
Se deuſt monſtrer rebelle au vouloir de ſon Prince,
Et ſecoüer le ioug de ſon commandement,
Que ie n'euſſe eu pour elle vn ſoupçon ſeulement.

       Auiſant les gardes.

Amenez cette peſte, & qu'on cherche vne peine
Egale à ſon forfait & digne de ma haine.

SCENE III.

CREON, CLEODAMAS, EPHYTE,
LE 3. GARDE, ANTIGONE,
ARGIE, MENETE.

CREON.

Voyez quelle aſſeurance en cét œil effronté?
 Quel ſuperbe maintien, & quelle égalité ?
D'vn ſeul ſigne d'effroy ce front eſt il capable ?
Qui de nous ſemble mieux le Iuge ou le coupable?
Parle, t'a t'on ſurpriſe en ce fatal deuoir,
Qui ſi viſiblement contredit mon pouuoir.

ANTIGONE.

Non, on m'a priſe, Sire, on ne m'a pas ſurpriſe.
On ne ſçauroit ſurprendre en ſi iuſte entrepriſe.

ARGIE.

I'ay ſeule transgreſſé cét arreſt inhumain:
Sire, elle n'a rien fait, que me preſter la main.

MENETE,

C'eſt à moy, Sire, à moy, qu'en eſt deu le ſupplice,
Ie ſuis autheur de tout, elle n'eſt que complice.

CREON.

Et ne ſçauiez-vous pas que cét acte, en effet,
Eſtoit contreuenant à l'arreſt que i'ay fait!

ANTIGONE.

Ie n'en pouuois douter, puis qu'aucun ne l'ignore.

ARGIE.

Oüy, ie le ſçauois bien.

MENETE.

Et moy mieux qu'elle encore

CREON.

Vous faisiez donc vertu de transgresser mes loix.

ANTIGONE.

Oüy, pour seruir les Dieux, qui sont plus que des Roys.

ARGIE.

Pour faire honneur au Ciel au mespris de la terre.

MENETE.

Et pour donner aux morts la paix apres la guerre.

CREON.

Et tous pour meriter vn rigoureux trespas.

ANTIGONE.

Qu'il vienne :

ARGIE.

Il tarde trop ;

MENETE.

Ie n'y recule pas.

ANTIGONE,

CREON.

O folle pieté! qui d'vne mesme audace,
Fit la rebellion, & reçoit la menace!

ANTIGONE.

Ie mets le plus haut trosne au dessous des Autels,
Et reuere les Dieux, sans egard des mortels;
Ils sont maistres des Roys, ils sont pieux, augustes,
Tous leurs arrests sont saincts, toutes leurs loix sont
    iustes :
Ces esprits dépoüillez de toutes passions,
Ne meslent rien d'impur en leurs intentions ;
Au lieu que l'interest, la colere & la haine,
Preside bien souuent à la iustice humaine,
Et n'obseruant amour, deuoir, ny pieté,
N'y laissent qu'iniustice, & qu'inhumanité :
Quoy, vous osez aux morts nier la sepulture ?
Et cette loy nasquit auecques la nature ;
Vostre regne commence, & destruit à la fois,
Par sa premiere loy, la premiere des loix :
Icy la faute est iuste, & la loy criminelle,
Le Prince peche icy bien plus que le rebelle.
I'offense iustement vn iniuste pouuoir,
Et ne crains point la mort qui punit le deuoir :
La plus cruelle mort me sera trop humaine,
Ie me resous sans peine, à la fin de ma peine ;

                                Elle

Elle m'affranchira de voſtre authorité,
Et ma punition ſera ma liberté.

EPHYTE.

O maſle cœur de fille ! ô vertu non commune !
Qui pour rien ne ſe rend aux coups de la fortune.

CLEODAMAS.

O ſexe dangereux ! eſtrange dureté !
Du crime, & du ſuplice elle fait vanité.

CREON.

On abaiſſe aiſement le cœur d'vne ſubiette
Sous le propre fardeau du joug qu'elle rejette:
L'orgueil s'aſſortit mal auec le mauuais ſort,
Et tous deux inſolens font vn mauuais accord;
Quoy ? la rebellion deuiendra legitime ?
Et pour me meſpriſer, on priſera le crime ?
A ſon premier outrage elle enjoint vn ſecond,
En faiſant vanité de m'auoir fait affront,
Plus ſon meſpris me touche, & plus elle en eſt vaine,
Ie ſemble ſon ſubjet, elle ſemble ma Reine:
Peut-eſtre que le rang qu'elle tint autrefois,
Et les titres de ſœur, niepce, & fille de Rois,
Font à ce cœur altier, douter de la menace,
Et contre ſa frayeur, ſouſtiennent ſon audace:
Mais ſon extraction prouint-elle des Cieux ?

K.

Et se dit-elle, sœur, niepce, & fille des Dieux:
La iustice aujourd'huy satisfera ma haine,
Et qui l'a secondée aura part en sa peine.

ARGIE.

D'vn friuole discours passez donc à l'effet,
Ie le ferois encor si ie ne l'auois fait:
Oüy, i'ay fait le deuoir d'vne ingratte prouince,
Qui refuse, sans honte, vn cercueil à son Prince:
Elle fut son Païs, ses Terres & ses Estats,
Il n'y veut qu'vn sepulchre, & ne l'y treuue pas:
Ie laisse indifferend en quel titre on m'ameine,
Où i'auois droit d'entrer en qualité de Reine;
Et ie n'accuse pas l'iniustice du sort,
Qui me deuoit vn sceptre, & m'appreste la mort.
Ie me plains seulement de ce païs barbare,
Qui de six pieds de terre à son Prince est auare,
Et veut qu'en mesme iour, le corps de mon espoux,
Passe, d'entre mes bras, dans le ventre des loups.

CREON.

Ayant appris l'Edit, & la peine preueuë
Vous auez enfraint l'vn & l'autre vous est deuë.

ANTIGONE.

Faites donc, vostre haine, agit trop mollement,
La fureur s'allentit par le retardement:

Peut-estre que le temps vous osteroit l'enuie,
Ou l'asseurance au moins de nous oster la vie,
Le murmure du peuple iroit iusques à vous,
Et pourroit desarmer vostre iniuste courroux :
Car, enfin, si la peur ne luy fermoit la bouche,
Vous sçauriez à quel poinct ce procedé le touche ;
Mais d'abord vn tyran, fait tout ce qui luy plaist,
On souffre auec respect, on void, mais on se taist.

CREON.

Et toy seule, entre tous, n'as pû voir sans te plaindre.

ANTIGONE,

Tous tremblent, tous ont peur, moy ie n'ay rien à
craindre.

CREON.

Au moins dois-tu rougir, d'auoir osé plus qu'eux ?

ANTIGONE.

Qui fait honneur aux morts ne fait rien de honteux.

CREON.

Vn mort qui fut des siens le mortel aduersaire ?

ANTIGONE.

Il fut ce qui vous plaist, mais il estoit mon frere.

CREON.

Qui les armes en main, a son frere assailly!

ARGIE.

Il est vray, mais son frere a le premier failly.

CREON.

Il tint nostre party, l'autre tint le contraire.

ARGIE.

La couronne à tous deux estoit hereditaire;
L'vn suiuit sa fureur, mais l'autre l'embraza,
Si l'vn vous assaillit, l'autre vous exposa.

CREON.

Le regne du premier, comme il fut d'vn bon Prince,
Se gaigna la faueur de toute la Prouince;
Et nostre heur, qui sous l'autre, eust pû diminuer,
Nous fit prendre interest à le continuer:
L'intention des siens, plus que la sienne mesme,
Auoit dessus son front laissé le diadesme;
Et son ambition, bien moins que sa bonté,
Se pût dire l'appuy de son authorité.

ARGIE,

Mais, pour le retenir, vous chassiez Polynice,

On fit faueur à l'vn, mais à l'autre ~~iustice~~, +iniustice

ANTIGONE.

Apres tout, ie l'aimois, & mon affection
Entreprendroit encor cette saincte action.

CREON.

Et bien, suy les conseils que cet amour t'inspire,
Aime-le chez les morts, mais non sous mon Empire.

SCENE IV.

ISMENE, &c.

EPHYTE.

O Dieux ! en quel estat Ismene vient icy ?

CREON.

Et toy, n'eus-tu point part en l'entreprise aussi ?

ISMENE.

Oüy, plus que toutes deux, i'ay commencé l'ouurage,

Et mon exemple, Sire, excitaleur courage,

ANTIGONE.

Non, non, trop de frayeur s'empara de son sein,
Elle a le cœur trop bas, pour vn si haut dessein.

ISMENE.

Ie vous l'ay conseillé, i'en pressay l'entreprise,

ANTIGONE.

Tout au contraire, Sire, elle m'en a reprise.

ISM ENE.

Oüy, pour vous esprouuer : mais ie suiuois vos pas.

ANTIGONE.

Elle estoit trop timide, elle ne sortit pas.

ISMENE.

Prisez-vous à tel poinct vostre triste fortune,
Que vous ayez regret qu'elle me soit commune.

ANTIGONE.

I'ay seule aimé mon frere, il n'appelle que moy.

ISMENE.

I'eusse, à vostre deffaut, entrepris cét employ.

ANTIGONE.

Ie seruirois de cœur, & non pas de paroles,
L'vn produit des effets, les autres sont friuoles.

ISMENE.

Ma sœur au nom des Dieux, ne me déniez pas
La gloire de vous suiure en vn si beau trespas.

ANTIGONE.

Non, non, ne prenez part à rien qui m'appartienne,
L'ouurage fut tout mien, la mort est toute mienne.

ISMENE.

Ne vous possedant plus, quel bien me sera doux.

ANTIGONE.

Creon vostre Seigneur, aura grand soin de vous.

ISMENE.

Ha! ce reproche est iuste, il est vray, ie fus lâche.

ANTIGONE.

I'ay regret de le dire, & honte qu'on le sçache.

ISMENE.

Mais que vous a produit ce genereux effort ?

ANTIGONE

80

ANTIGONE.

Tout ce que i'esperois, il m'a produit la mort.

ISMENE.

I'auois bien sceû preuoir le mal-heur qui vous presse.

ANTIGONE.

Et bien, viuez heureuse auec vostre sagesse.

CREON.

L'orgueil à toutes deux a troublé la raison,
Et leur extrauagance est sans comparaison.

ISMENE.

Vous mesme à vostre fils vous l'auez destinée,
Voudriez-vous rompre, Sire, vn si bel hymenée?

CREON.

Il peut pour vn manqué recouurer cent partis.

ISMENE.

Non pas qui vaillent tant, ny si bien assortis.

CREON.

Cherchant cette alliance, il cherchoit bien sa perte,
Ie la haïrois bien, si ie l'auois soufferte.

ANTIGONE

ANTIGONE.

Viens icy, cher Hemon, & par cét entretien,
Apprens le iugement que l'on y fait du tien.

ISMENE.

Voudriez-vous ruiner vne amitié si forte?

CREON.

Forte, ou non, s'il l'espouse, il l'espousera morte.

ISMENE.

Si le Ciel n'est iniuste, il vengera sa mort.

CREON.

Profite de sa perte, & crains vn mesme sort.

ISMENE.

Non, non, ne croyez pas que vostre tyrannie,
Ny m'empesche la voix, ny demeure impunie;
Les Dieux ne sont pas Dieux, si bien tost leur cour-
    roux,
Ne prend nostre interest, & n'esclate sur vous.

CREON.

Allez, ostez d'icy ces objets de ma haine,
Qu'en la tour du Palais, toutes deux on les meine:

L

Veillez-les auec soin, que tout vous soit suspect,
Mais que l'on traicte Argie auec plus de respect,
Dedans vne autre chambre, auec garde fidelle,
Cependant, qu'au Conseil, on ordonnera d'elle :
Car, ne releuant pas de mon authorité,
Le crime qu'elle a fait, est d'autre qualité.

On les meine.

SCENE V.

CREON, EPHYTE, CLEODAMAS.

EPHYTE.

SIRE, à peser bien tout d'vne égale balance,
Ce procedé n'est pas sans quelque violence,
L'honneur qu'on rend aux morts est vne vieille loy,
Par naissance, & par droict Polynice fut Roy :
Antigone est sa sœur, elle est vostre parente,
Vous en priuez Hemon, Ismene est innocente ;
L'autre est vefue du mort : que vostre iugement,
Sur toutes ces raisons, passe vn peu murement.

CREON.

De toutes ces raisons, pour vne desloyale,
Pas vne ne destruit la puissance Royale;
Estre trop indulgent, laisse aussi trop oser,
Des autres, mon conseil m'en fera disposer.

SCENE VI.

HEMON, CREON.

CREON continuë.

NE dissimulez point la douleur qui vous presse,
Elle est iuste en l'amant qui perd vne maistresse:
Mais d'autre part, Hemon, elle est iniuste aussi,
En vn fils, qui bien né, de son pere a soucy,
Et qui, sage, espousant, son amour, & sa haine,
Se fait de ses desirs vne loy souueraine.

HEMON.

Ayant l'honneur que i'ay, d'estre sorty de vous,
Vostre interest, Monsieur, sur tout autre m'est doux;
I'ay tous les sentimens que mon deuoir m'ordonne,

L ij

Ie tiens de voſtre ſang, & de voſtre couronne,
Et ſans me départir de leur authorité,
Ne puis rien eſpouſer que voſtre volonté.

CREON.

Auſſi, par la raiſon de la ſeule naiſſance,
N'attendois-ie pas moins de voſtre obeïſſance:
Ce que priſe vn bon pere, eſt priſé d'vn bon fils,
Ils ont meſmes amis & meſmes ennemis ;
Mais le pere d'vn fils, a ſes deſſeins contraire,
S'eſt formé de ſoy-meſme vn mortel aduerſaire ;
Il s'entretient la guerre, & nourrit vn poiſon,
Doux à ſes ennemis, funeſte à ſa maiſon :
Il ne faut pas, Hemon, que l'amour d'vne femme,
Iuſqu'à ce point nous gaigne, & nous aueugle l'ame,
Qu'alors que le mal preſſé on n'en puiſſe guerir,
Et que nous nous perdions afin de l'acquerir.
L'intereſt de mon fils trop iuſtement me touche,
Pour ſouffrir qu'il reçoiue vn ſerpent en ſa couche ;
Vne mauuaiſe femme eſt vn méchant amy,
Que veillant on doit craindre, & bien plus endormy ;
Et quiconque, à ſa foy, iour & nuit ſe hazarde,
Se met entre les mains d'vne mauuaiſe garde :
Cette ſeule rebelle, entre tous mes ſubjets,
Cenſure mes Edicts, attaque mes proiets,
Et trace des chemins à toute la prouince,
Pour le mépris des loix, & la honte du Prince :

Dans les deſſeins d'vn Roy, comme dans ceux des
  Dieux,
De fidelles ſubjets doiuent fermer les yeux,
Et ſoufmettant leurs ſens au pouuoir des couronnes,
Quelles que ſoient les loix, croire qu'elles ſont bonnes.

HEMON.

Les Dieux ne mettent pas en tous entendemens,
Ny parreilles clartez, ny mémes ſentimens;
Ie veux que cette offenſe attaque voſtre gloire,
Mais, qui l'oza commettre, a pû ne le pas croire:
En effet, qui croiroit aller contre vos loix,
Suiuant celles des Dieux, qui ſont maiſtres des Roys?
Moy, Monſieur, qui ſans feinte, & vous priſe &
  vous aime,
Comme autheur de ma vie, & ſource de moy-meſme,
Qui vous ſouhaitte vn regne, & glorieux, & doux,
Et pour dire, en vn mot, qui ſoit digne de vous :
Ie cueille les aduis par tout où ie me treuue,
I'entends ce qu'on eſtime, & ce qu'on deſapreuue,
Pour profiter pour vous, & vous en faire part,
A vous, à qui moy ſeul, oze parler ſans fard :
Iamais la verité, cette fille timide,
Pour entrer chez les Roys, ne treuuë qui la guide:
Au lieu que le menſonge a mille partiſans,
Et vous eſt preſenté par tous vos courtiſans;
Seul, ie vous diray donc, que le commun murmure

Accuse vostre arrest d'offenser la nature :
Qu'aussi, l'on n'attend pas de vostre passion
L'iniuste chastiment d'vne bonne action :
Antigone, dit-on, prit vne honneste audace ;
Que le Roy punira de la seule menace ;
Ce qu'elle a fait est iuste , & dans tous les esprits,
Hors celuy de Creon, son crime aura des prix :
C'est, à peu prés, Monsieur, ce que ie viens d'étendre,
Et ce que mon deuoir m'oblige à vous apprendre ;
Déferez quelque chose au sentiment commun,
Le plus sçauant se trompe , & deux yeux font plus
　　qu'vn ;
Vn changement d'auis, quand la raison en presse,
N'est pas vne action contraire à la sagesse :
Ne ●●●ir que par son sens, est le propre des Dieux,
Comme il l'est des mortels ; de voir par beaucoup
　　d'yeux.

EPHYTE,

La mesme verité vous parle par sa bouche ;
Sire , de cette part , souffrez qu'elle vous touche,
D'autant plus, qu'elle tend à vostre commun bien,
Et que vostre interest s'y treuue auec le sien,

CREON.

O conseil ! ô priere ! & ridicule, & folle ,
Que i'apprenne si vieil d'vne si ieune escolle.

HEMON.

Ne regardez par l'âge, & pesez la raison:

CREON·

La raison n'est pas meure, en si verte saison:
Appelles-tu raison de faire honneur au crime?

HEMON.

Non, s'il passe pour tel, ailleurs qu'en vostre estime.

CREON.

Qui m'a desobey, merite le trespas.

HEMON.

Le peuple, toutefois, ne le confesse pas.

CREON.

Luy-mesme est criminel, s'il censure son Prince.

HEMON.

Faites donc le procés à toute la Prouince.

CREON.

Elle, & ses habitans, sont esclaues des Roys.

HEMON.

Oüy, si les Roys aussi sont esclaues des loix.

CREON.

La folle passion qui possede ton ame,
Te fait insolemment parler pour vne femme,
Et de son interest, te rend ainsi jaloux.

HEMON.

Vous seriez femme donc, car ie parle pour vous.

CREON,

Tu contestes, mutin, contre ton propre pere ?

HEMON.

I'ay crû vous conseiller, & non pas vous déplaire.

CREON.

Ne m'est-il pas permis de conseruer mon droist ?

HEMON.

Non, s'il priue les Dieux de l'hõneur qu'on leur doit ?

CREON.

Vil esclaue de femme, esprit lâche, & debile.

HEMON.

Ie n'ay fait action, ny lâche, ny seruile.

CREON.

Parler pour vne fille, est ton plus digne employ.

HEMON.

Ie parle pour les Dieux, & pour vous, & pour moy.

CREON.

CREON.

N'espere pas, enfin, l'épouser jamais viue.

HEMON.

Elle ne mourra pas, qu'vn autre ne la suiue,

CREON.

M'ozes-tu menacer?

HEMON.

Ie n'auancerois rien;
Enuers qui ny ne veut, ny ne peut faire bien.

CREON.

Ce fol, à m'outrager, encore perseuere;

HEMON.

Ie vous dirois bien pis, si vous n'estiez mon pere.

CREON.

Va cœur effeminé, va lâche, sorts d'icy.

HEMON.

Vous voulez donc parler, sans que l'on parle aussi.

CREON.

Oüy traistre; ie le veux, & bien tost le salaire

M

ANTIGONE,

De ta preſomption, va t'aprendre à te taire,
Et ne cherir pas tant ce qui m'eſt odieux :
Soldats, amenez-la, qu'on l'égorge à ſes yeux.

HEMON.

Ce ne ſera iamais, au moins en ma preſence,
Que l'on accomplira cette iniuſte ſentence :
Faites à vos flateurs authoriſer vos loix,
Et voyez voſtre fils pour la derniere fois.

EPHYTE, le voulant retenir.

Seigneur,

CREON.

Laiſſez, qu'il aille, il ſçaura, ie le iure,
Combien ſenſiblement me touche cette iniure,
Combien il eſt fatal d'irriter mon pouuoir,
Et, pour vn fol amour, oublier ſon deuoir.

ACTE V.

SCENE PREMIERE.

HEMON seul.

QV'ON l'égorge à mes yeux ! ô vertu
    sans défence !
    Iustice sans souſtien, supplice sans of-
    fence !
    O presage fatal ! pour vn regne naiſſant,
De s'arroſer de sang, & de sang innocent :
O belles fleurs sans fruiƈt : accords sans Hymenée,
I'auois bien, malgré vous, senty ma deſtinée ;
Et toy, mon cœur, & toy, qui m'en a aduerty,
Ie te crûs iuſtement, tu ne m'as point menty.
Qu'on l'égorge à mes yeux, ô barbare sentence :
Contre la vertu méme, & la méme innocence ;
Souffrirez-vous, mes yeux, ce ſpeƈtacle exposé ?

                       M ij

Ie vous arracherois, si vous l'auiez oſé :
Regne pernicieux ! ioug certes deteſtable,
Qui, dés le premier iour, preſſe tant qu'il accable :
Qu'attendra-t'on d'un Roy, de qui l'authorité,
Se declare d'abord contre la pieté ?
Rompt les loix d'Hymenée, & celles de Nature,
Oſte aux viuans l'eſpoir, aux morts la ſepulture. †
Antigone eſt pieuſe, & reuere les Dieux,
Et c'eſt pourquoy l'on veut qu'on l'égorge à mes
    yeux :
Mais, peut-eſtre qu'Ephyte, aura par ſa priere
Obtenu quelqu'effet meilleur que ie n'eſpere,
Poſſible crains-ie vn mal qui n'arriuera pas :
Le voila, qui penſif, adreſſe icy ſes pas.
Hé bien, qu'as-tu gaigné ſur cette ame cruelle,
Ie lis en ta triſteſſe vne triſte nouuelle.

SCENE II·

EPHYTE, HEMON.

EPHYTE.

D'AVTRES, pour vous flater, d'vn inutile ef-
    poir,
Vous diroient que le temps le pouroit émouuoir,
Mais moy qui suis sensible à tout ce qui vous touche,
Qui mauuais courtisan, ay le cœur sur la bouche,
Ie ne vous puis farder ce funeste rapport,
C'est fait de la Princesse, il a signé sa mort.

HEMON..

C'est fait de la Princesse, ha! force ma colere,
Force icy tout respect, & de fils, & de pere :
Venez, rages, transports, si long temps repoussez,
Ce bourreau de son sang vous authorise assez,
Venez, & de sa teste arrachez la couronne,
Chassons d'autour de luy l'éclat qui l'enuironne,

M. iij

Faiſons tomber ſon troſne, & perir ſon Eſtat,
Si lâche partiſan d'vn ſi lâche attentat :
Pardonnés mes transports, reſpect, deuoir, naiſſance,
Ie ſçay que ie m'emporte, & que ie vous offenſe :
Mais vous voyez qu'on meurt pour trop ſuiure vos
  loix,
Qu'on en acquiert la gloire, & la mort à la fois ;
L'honneur qu'on porte aux ſiens deuient illegitime,
Et trop de naturel, paſſe aujourd'huy pour crime,

EPHYTE.

I'attendois bien de vous ce premier mouuement,
Ie ne puis condamner voſtre reſſentiment ;
Mais, Seigneur, la Princeſſe encor pleine de vie,
N'a pas de ce cruel la fureur aſſouuie.

HEMON.

Quel eſt donc ſon arreſt ?

EPHYTE.

     Il commet à la faim,
Inuiſible bourreau, cét office inhumain,
Et deſſous Cyteron, l'a fait enfermer viue,
Attendant qu'vne mort, de tant de morts la priue.

HEMON.

Mais rien n'esbranle-t'il ſa reſolution ?

N'as-tu rien oublié de ta commißion ?
L'as-tu fait souuenir, que c'est de sa main mesme,
Que ie tiens cét objet de mon amour extréme;
Que ce qu'il a fait naistre, il d'eust l'entretenir,
Qu'il a luy mesme joint ce qu'il veut desunir:
Sçait-il que ie m'auoüe vn peu trop temeraire?
Et que ie me veux mal d'auoir pû luy déplaire,
Que ie n'ignore pas l'honneur que ie luy dois,
Mais que le desespoir luy parloit par ma voix:
Qu'il doit considerer le feu qui me deuore,
Et qu'il me veut rauir vn objet que i'adore:
Enfin, l'as-tu prié, que si ny mon deuoir,
Ny mes soufmißions ne peuuent l'émouuoir,
Il m'accorde, du moins, cette derniere grace,
Que ie meure pour elle, & seul luy satisfasse:

EPHYTE.

I'ay peint vostre respect, vostre amour, vostre ennuy,
Mais le plus dur rocher, est moins rocher que luy,
Et ie l'ay moins touché, par ce que i'ay pû dire,
Qu'vn chesne n'est émeu du souffle d'vn Zephyre.

HEMON.

N'importe; Sonde encor ce courage inhumain,
Deust, ce dernier effort encor nous estre vain:
Pardonne au soin ingrat, que mon amour te donne,
Et tante iusqu'au bout, pour sauuer Antigone:

Va, tâche de ſauuer vn mal-heureux amānt?

EPHYTE.

Ie vous vais obeïr, mais inutilemens.

SCENE III.

HEMON ſeul.

P*Ar cette inuention deffait de ſa preſence,*
  Autant que ie le ſuis de la vaine eſperance,
De pouuoir profiter de cét abaiſſement,
Secourons l'innocence, & genereuſement:
Ha! pourquoy n'eſt quelqu'austre autheur de cét ou-
  trage,
Contre qui mon amour pût monſtrer mon courage:
En quelle occaſion ne l'irois-je eſprouuer?
Et que ne tanterois-je, afin de la ſauuer?
Mais, ô loy, du deuoir! importune contrainte!
Le nom de l'ennemy deffend meſme la plainte:
On m'arrache la vie, & tel eſt mon deſtin?
Qu'il faut encor baiſer le bras de l'aſſaßin:
Il faut ſouffrir, ſans rendre, il faut voir, & ſe taire,

Et

Et, pour toute raison, qui m'attaque est mon pere,
Ne punissons donc point, mais repoussons les coups,
Et ne l'attaquant pas, au moins deffendons nous :
Que son bras, s'il se peut, nous immole à sa haine,
Mais, s'il se peut aussi, faisons qu'elle soit vaine;
Forçons l'antre funeste, ou l'on tient enfermé
Ce miracle d'amour, ce chef-d'œuure animé :
Pour vn si beau dessein, il n'est porte trop close :
Allons, & si quelqu'vn à nos efforts s'oppose,
Egalement épris de colere & d'amour,
Ou faisons qu'il y laisse, ou laissons y le iour.

SCENE IV.

CREON, EPHYTE.

CREON.

Non, Ephyte, il importe au soustien de ma gloire,
Que de ce chastiment ie laisse la memoire :
Mon regne naist encore, & cette impunité,
Porteroit consequence à mon authorité :
Quels mutins, sous mes loix, se laisseront reduire,

N

Si les miens les premiers taschent de les destruire,
Et si, qui contrevient à ce que ie deffends,
Treuve des partisans en mes propres enfans.

EPHYTE,

Sire, il est amoureux :

CREON.

Moy, ie seray seuere.

EPHYTE,

Il seruoit sa maistresse ;

CREON,

Il offençoit son pere :

EPHYTE.

Il crût vous conseiller,

CREON.

Il prit trop de soucy.

EPHYTE.

Mais il la tient de vous,

CREON.

Il en tient l'estre aussi.

EPHYTE.

Il s'auouë vn peu prompt :

CREON.

> *Qu'il souffre donc sa peine.*

EPHYTE.

Mais, Sire, son amour ?

CREON.

> *Mais, Ephyte, ma haine ?*

EPHYTE.

Faites quelqu'indulgence à de ieunes esprits ?

CREON.

Ie pardonneray tout , excepté le mespris.

CLEODAMAS,

Voicy le vieux Deuin, de qui tant de miracles,
En ce fatal Empire, ont suiuy ses oracles.

EPHYTE.

C'est Tyresie , ô Ciel ! sois lassé de nos pleurs,
Et nous apprens par luy la fin de nos mal-heurs.

SCENE V.

TYRESIE aueugle. LE GVIDE.
CREON, EPHYTE, CLEODAMAS.

TYRESIE.

LA lumiere d'vn seul, sert à deux que nous sommes,
C'est aux hommes aussi de conduire les hommes.

CREON.

Que nous apprendrez-vous, bon vieillard, qui sans
yeux,
Lisez si clairement dans le secret des Dieux?

TYRESIE.

Vn aduis qui regarde, & vous, & vostre Empire,
Mais pesez meurement ce que ie viens de dire?

CREON.

I'ay toufiours obey, vous toufiours ordonné.

TYRESIE.

C'eſt l'vnique ſecret qui vous a couronné.

CREON.

Auſſi vous conſultay-ie en tout ce qui me touche,
Aſſeuré que les Dieux parlent par voſtre bouche.

TYRESIE.

Sur tout, pour voſtre bien, croyés moy deſormais,
Car le beſoin en preſſe, ou n'en preſſa iamais.

CREON.

O Dieux ! quelle frayeur m'excite ce langage ?

TYRESIE.

Bien moindre que ne doit ce funeſte preſage :
Eſcoutez, ce matin ſur ces proches coſteaux,
Nous obſeruions le chant, & le vol des oyſeaux,
Lors que l'horrible cry d'vne troupe d'Orfrayes
D'infaillibles mal-heurs, meſſageres trop vrayes,
A remply d'vn grand bruit tous les lieux d'alentour,
Et n'a point reſpecté la naiſſance du iour :
Vn nombre de Corbeaux auſſi funeſtes qu'elles
Leurs liurant vn combat, de becs, d'ongles & d'aiſles
A quelque temps apres redoublé mon emoy,
Et quelques plumes meſme en ont tombé ſur moy :

Ie cours au Temple àlors, où la lampe allumée,
Iette au lieu de lumiere vne noire fumée,
Dont l'espaisseur corrompt la pureté de l'air,
Et presque m'estouffant, m'empéche de parler:
L'encens n'y peut brusler quelqu'effort que i'essaye,
La victime à l'hostel, n'y rend rien par sa playe,
Que quelque goutte, ou deux, d'vne iaune liqueur,
Dont la corruption m'a fait faillir le cœur:
Mon guide, qu'à ce soin, à mon deffaut i'employe,
S'écrie espouuanté, qu'il n'y voit point de foye:
Enfin, tout n'est qu'horreur, & que confusion,
Et tout, Creon, & tout, à vostre occasion:
De vous, qui renuersez les loix de la Nature,
Qui, barbare, aux deffuncts niez la sepulture:
De vous, qui vray Cerbere, ostant ce droict aux corps,
Empéchez le passage en l'empire des morts,
Qui, cruel, attaquez qui ne se peut deffendre,
Et commandez vn mal, que vous deuriez reprendre:
Satisfaites les Dieux, par vostre amandement,
Et sçachez-moy bon gré de cét enseignement.

CREON.

Sur tout autre, tousiours vostre art me persecute,
Vous m'entreprenez seul, seul ie vous suis en butte:
Il faut bien que cét art sainct & sacré qu'il est,
Parmy sa pureté mesle quelque interest:
Car le Ciel laisse agir l'ordre de la nature,

Et n'a pas touſiours l'œil ſur vne creature :
L'or eſt vn charme eſtrange, vn meſtail precieux,
Qui corromp toute choſe, & tanteroit les Dieux :
Mais il le faut gaigner par moyens legitimes ?
Non pas en conſeillant l'impunité des crimes :
Non pas en abuſant du reſpect des Autels,
Et faiſant fauſſement parler les immortels.

TYRESIE.

Qui m'a repris que vous, d'en vſer de la ſorte.

CREON.

Que l'on vous en reprenne, ou ſe taiſe, qu'importe ?

TYRESIE.

Vſez-en comme may, le Ciel ſçait qui vit mieux,

CREON.

Ie n'outrageray point vn miniſtre des Dieux.

TYRESIE.

Vous m'outragez aſſez, m'accuſant d'auarice ?

CREON.

Peu de gens de voſtre art ſont exempt de ce vice.

TYRESIE.

Et les tyrans encor, bien moins qu'eux, & que moy;

CLEODAMAS.

Aueugle, ſçauez-vous que vous parlez au Roy?

TYRESIE.

Puis que ie l'ay fait tel, i'ay droit de le cognoiſtre.
Plus aueugle eſt que moy, tel qui ne croy pas l'eſtre.

CREON.

C'eſt bien vous emporter pour vn eſprit ſi ſain.

TYRESIE.

Enfin, ie diray plus que ie n'auois deſſein.

CREON.

Parlez, car il importe au gain de voſtre vie:

TYRESIE,

Bien plus voſtre intereſt que le mien m'y conuie:
Et vous l'allez apprendre, auant que le ſoleil
Laiſſe en noſtre horiſon la nuict & le ſommeil,
Vous verrez des effets du mal-heureux augure,
Qui m'a ſi clairement marqué voſtre aduanture:
Le frere mort, priué des honneurs du cercueil,

La

La sœur viue enterrée, & tout le peuple en dueil,
Appellent d'vne voix, qui ne sera pas vaine,
La iustice du Ciel, sur l'iniustice humaine :
La mort de vostre fils, ce Prince aimé de tous,
Est Sera le premier fléau qui tombera sur vous :
D'effroyables remors, mégeres éternelles,
Inuisibles bourreaux des ames criminelles,
Vous persecuteront jusqu'aux derniers abois,
Et s'il faut mettre hors tout ce que ie préuois ;
Vn bras victorieux que vostre crime attire,
Vous va bien tost rauir & la vie & l'Empire :
Mais qu'en vous ce discours n'excite aucun soucy ;
Et croyez que le gain me fait parler ainsi ;
Marche, enfant, ie luy laisse en ce triste presage,
Assez d'instruction pour en deuenir sage.

Creon demeure interdit.

O

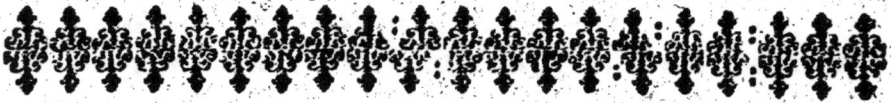

SCENE VI.

CREON, EPHYTE, CLEODAMAS.

EPHYTE.

SIRE, il peut s'abuser; mais depuis qu'en ces lieux,
Sa voix rend aux mortels les responses des Dieux :
Et qu'il enuoye au Ciel les encens de nos Temples,
Les fautes de son art n'ont point encor d'exemples.

CREON.

Ie tremble, ie frémis, ie demeure interdit,
Et cét effet s'accorde auec ce qu'il a dit ?
Opposons la prudence au coup de cét orage;
Mais d'ailleurs la prudence offense le courage;
Me rendre lâchement au sentiment d'autruy,
Est trop honteux pour moy, trop glorieux pour luy.

CLEODAMAS.

C'est à vous d'en resoudre, auec vostre sagesse :

CREON.

Ie suiuray vos aduis, mais toſt le beſoin preſſe.

EPHYTE.

Traitez le ſang d'Oedipe auec plus de douceur,
Mettez le frere en terre, & tirez-en la ſœur.

CLEODAMAS.

Sire, à trop conſulter l'occaſion ſe paſſe,
Le Ciel touche par fois auſſi toſt qu'il menaſſe.

CREON.

Que i'ay de repugnance à cette lâcheté,
Mais il faut obeyr à la neceſſité :
Rendez donc ce deuoir au corps de Polynice,
Qu'auec ſes ſœurs ſa veſue, aſſiſte à cét office,
Que l'on deliure Argie, & que ſa liberté,
Soit le premier effet de cette impunité.

SCENE VII.

1. GARDE, &c.

LE GARDE.

SIRE, Sire, accourez:

CREON.

Quelle nouuelle ? approche:

LE GARDE.

Hemon s'est fait passage en la funeste roche,
Où deuoit Antigone expier son forfait:
Elle en est quitte, Sire, & c'en est desia fait,
Le Prince sur son corps deteste vostre Empire,
Et ie crains, & ie crains quelque chose de pire:
I'en voulois approcher, mais s'eslançant sur moy:

CREON.

O trop certain augure ! ô miserable Roy ?

De quel triste succez est ma rage suiuie!
Courons, sauuions, mon fils, ou c'est fait de ma vie.

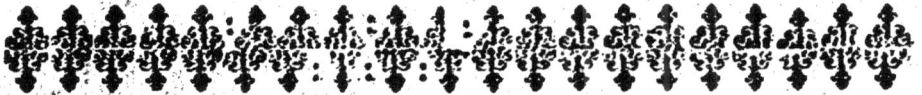

SCENE VIII.

HEMON, ANTIGONE, ISMENE.

HEMON, prés du corps d'Antigone, dans le tombeau de la roche.

Beau corps, sacré debris du chef-d'œuure des Cieux;
Beau reste d'Antigone, ouurez encor les yeux:
Ieune soleil d'Amour, esteint en ton aurore,
Bel astre, honore-moy d'vn seul regard encore?
Auant que ie te suiue en la nuict du tombeau,
Tu crains, tu crains de voir le fils de ton bourreau.
Le cœur, plus que l'oreille, est sourd à ma priere,
Ton amour s'est esteint auecques ta lumiere;
C'est en vain qu'aux Enfers ie vay suiure tes pas:
Tes manes offensez ne m'y souffriront pas:
Autant que tu m'aymois, tu me seras contraire,
Tu puniras le fils des cruautez du Pere;
Ie n'auance à mourir, non plus qu'à differer,

Et ny viuant ny mort, ie n'ay plus qu'esperer:
Mais, Madame, arrestez ces inutiles larmes,
Et contez-moy sa mort, où prist-elle des armes?

ISMENE.

Le soir qu'elle partit pour ce pieux dessein,
Elle tenoit caché ce poignard dans son sein,
Pour demeurer, par luy, maistresse de sa vie,
S'il deuoit arriuer qu'elle en fust poursuiuie:
A ce coup vainement, i'ay voulu resister,
Ie ne l'ay diuerty, ny n'ay pû l'éuiter:
Le sang qu'elle a versé, l'embellit, & me tache,
Il l'a peint genereuse, & mè tesmoigne lâche,
Vous l'offensez, au reste, & soupçonnez à tort,
Que son affection soit morte par sa mort:
Elle sçait à quel poinct sa fortune vous touche,
Auec le nom d'Hemon, elle a fermé la bouche,
C'est vn nom qu'elle emporte au delà du trespas,
Et que dans l'Oubly mesme, elle n'oubliera pas.

HEMON.

Allons donc, mon amour, où la sienne m'inuite,
Payons-luy cét honneur, qui passe mon merite:
Ha! s'il plaisoit aux Dieux, que pour mourir cent
    fois,
Ie pûsse, à ce beau corps, rendre l'ame & la voix,
Que d'vn si bel effet, ie benirois les causes,

J'entrerois dans les feux, comme en vn lit de roses,
Le plus amer poison, & le plus furieux,
Passeroit, à mon goust, pour breuuage des Dieux :
Ie me délasserois parmy les precipices,
Et dans le seul repos trouuerois des supplices :
Mais depuis qu'vne vie est tombee en tes mains,
O mort, pour la rauir, tous nos efforts sont vains :
Ce butin t'est trop cher, & i'ay tort si i'espere
Que tu rendes au fils ce que tu tiens du pere :
Sourde, tiens donc encore de ce dénaturé
Le butin qu'il t'enuoye & qu'il t'a procuré ;
Mais espargne ta faux, puis qu'ô prodige extréme !
La Nature, aujourd'huy, se destruit d'elle méme,
Les plus proches parens sont les plus ennemis,
Le frere haït le frere, & le pere le fils :
L'oncle au sang de sa niepce auec plaisir se noye,
Et tous font ton office, & te chargent de proye :

Il veut tirer son espee, Ismene le retient.

ISMENE.

Hé ! que feray-je, Hemon ? ne m'abandonnez pas :

SCENE IX.

CREON, EPHYTE, CLEODAMAS,
HEMON, ISMENE.
ANTIGONE.

CREON.

MON fils, quel defespoir trouble voftre penfee?
Et de quel vain regret eft mon ame preffee?
A quel poinct vous emporte vne funefte amour!
Faites grace à celuy dont vous tenez le iour?

HEMON, tirant fon efpee.

Retirez vous barbare, éuitant ma colere,
Ie n'ay plus de refpect, ny cognoift plus mon pere,
L'eftat où ma reduit voftre inhumanité,
Me peut faire paffer à toute extremité:
Voyez, lyon regnant, affamé de carnages,
Inhumain, cœur humain, voila de vos ouurages,
Saoulez ce naturel aux meurtres acharné,
Tenez, voila le fang que vous m'auez donné:
Ce corps qui fut à vous refte en voftre puiffance,

Et

Et vous va, par sa mort, payer de sa naissance.

CREON.

Barbare, acheue donc, acheue ton dessein,
Le coup est imparfait, s'il ne passe en mon sein,
Et tu ne meurs pas tout, si le iour me demeure.

HEMON.

Bien tost, bien-tost le Ciel vous marquera vostre
   heure :
Cruel, ne doutez pas que son bras tout-puissant,
Ne s'arme tost ou tard pour le sang innocent :
Le temps vous apprendra, que iamais tyrannie,
Sur le trosne Thebain, ne demeure impunie :
Croyez que Cadme, Laye, Ædipe, & ses enfans,
Ne vous ont, en leur sort, precedé que du temps :
Quand des Dieux, Tyresie, annonçoit la pensée,
Elle parloit à vous, non pas à Manecée :
La race de Python, ne cessera qu'en vous,
C'est sur vous que du Ciel doit tomber le courroux,
Mais puissent estre vains les maux qu'il vous pre-
   pare,
Qu'il vous soit aussi doux que vous m'estes barbare :
A ma fureur, encor quelque respect est joint,
Et ie seray content qu'il ne me venge point :
Toy, qui me fus rauie, aussi-tost que donnée,
Vertueuse beauté, Princesse infortunée !

P

ANTIGONE.

Allons vnis d'esprit, sans commerce de corps,
Acheuer nostre Hymen, en l'empire des morts ?

Il meurt sur Antigone.

CREON, tombant éuanoüy.

O mort ! joints mon trespas aux effets de ma rage !
Sorts, mon ame, & mets fin à ce tragique ouurage ?

EPHYTE.

Il tombe éuanoüy, sans force, & sans chaleur,
Tu deuois, vain regret, preceder ce mal-heur ?

CLEODAMAS.

O ciel ! qu'aux chastimens, ta iustice est seuere ?
Et qu'il est dangereux d'exciter ta colere ?

ISMENE.

Lâche, ne puis-je donc faire vn dernier effort :
Mourray-ie mille fois, pour la peur d'vne mort ?

FIN.

PRIVILEGE DV ROY.

LOVIS par la grace de Dieu Roy de France & de Nauarre: A nos amez & feaux Confeillers, les gens tenans nos Cours de Parlemens, Maiftres des Reque-ftes ordinaires de noftre Hoftel, Baillifs, Senefchaux, Preuofts, leurs Lieutenans, & à tous autres de nos Iu-fticiers & Officiers qu'il appartiendra, Salut; Noftre cher & bien amé TOVSSAINT QVINET, Marchand Li-braire de noftre bonne ville de Paris, Nous a fait remonftrer qu'il defireroit faire imprimer vne Tragedie intitulée L'ANTIGONE, TRAGEDIE, DV SIEVR DE ROTROV: Ce qu'il ne peut faire, fans auoir fur ce nos Lettres humblement nous requerant icelles. A CES CAVSES, defirant traiter fauorablement ledit Expofant, Nous luy auons permis & permettons, par ces pre-fentes, de faire imprimer, vendre & debiter en tous les lieux de noftre obeyffance ledit Liure, en telle marge, & tel caractere, & autant de fois que bon luy femblera, durant l'efpace de fix ans en-tiers & accomplis, à compter du iour qu'elle fera acheuée d'impri-mer pour la premiere fois: Et faifons tres-expreffes deffenfes à tou-tes perfonnes, de quelque qualité & condition qu'elles foient, de l'imprimer, faire imprimer, vendre ny debiter en tous les lieux de noftre obeyffance, fans le confentement de l'Expofant, fous pretexte d'augmentation, correction, changemens de ti-tres, fauffes marques, ou autres, en quelque forte & maniere que ce foit, à peine de trois mil liures d'amende, nonobftant op-pofitions ou appellations quelconques, par chacun des contreue-nans, applicable vn tiers à Nous, vn tiers à l'Hoftel-Dieu de noftre bonne ville de Paris, & l'autre tiers à l'Expofant, confifca-tion des exemplaires contrefaits, & de tous defpens, dommages & interefts, à condition qu'il fera mis deux Exemplaires de ladite Tra-gedie en noftre Bibliotheque publique, & vne en celle de noftre tres-cher & feal le fieur Seguier, Cheualier, Chancelier de France, auant que l'expofer en vente, à peine de nullité des prefentes: Du contenu defquelles, Nous vous mandons que faciez iouïr & vfer plainement & paisiblement ledit Exposant, & tous ceux qui auront droit de luy, sans qu'il leur soit donné aucun trouble ny empesche-ment. Voulons aussi qu'en mettant au commencement ou à la fin dudit Liure vn Extraict des presentes elles soient tenuës pour deuë-ment signifiées, & que foy y soit adioustée, & aux copies collation-nées par l'vn de nos amez & feaux Conseillers & Secretaires, com-me à l'original. Mandons au premier nostre Huissier ou Sergent sur ce requis, de faire pour l'execution des presentes tous exploits necessaires, sans demander autre permission : Car tel est nostre plaisir. Nonobstant clameur de Haro, Chartre Normande, & au-tres Lettres à ce contraires. Donné à Paris, le 5. iour de Nouem-bre, l'An de grace 1638. Et de nostre Regne le ving-neufiesme. Par le Roy en son Conseil.

DE MONCEAVX.

Et ledit Quinet a associé auec luy audit Priuilege Antoine de Sommauille, aussi Marchand Li-braire, suiuant l'accord fait entr'eux.

Acheué d'Imprimer le 8. Iuin 1639.

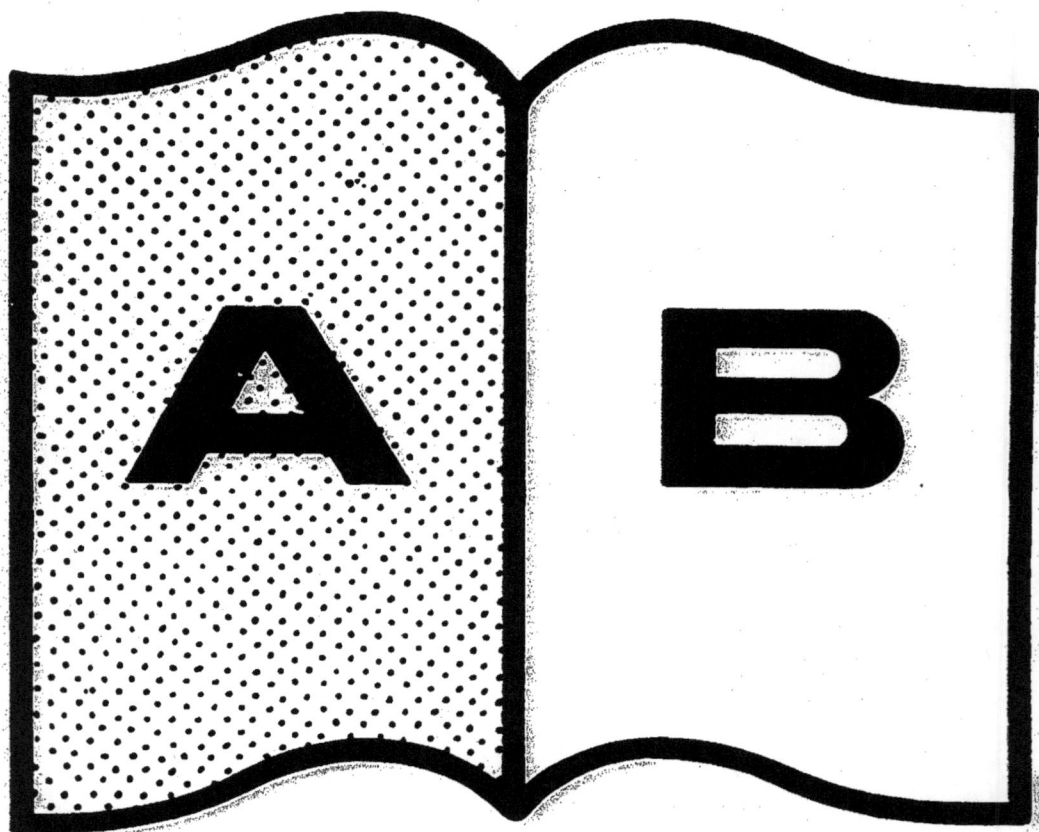

Contraste insuffisant

NF Z 43-120-14

www.ingramcontent.com/pod-product-compliance
Lightning Source LLC
Chambersburg PA
CBHW051738090426
42738CB00010B/2316